생각을 열어주고
마음을 잡아주는
성장기 논어

마음으로 생각하는
인성 공부 시리즈 1

생각을 열어주고 마음을 잡아주는 성장기 놀이

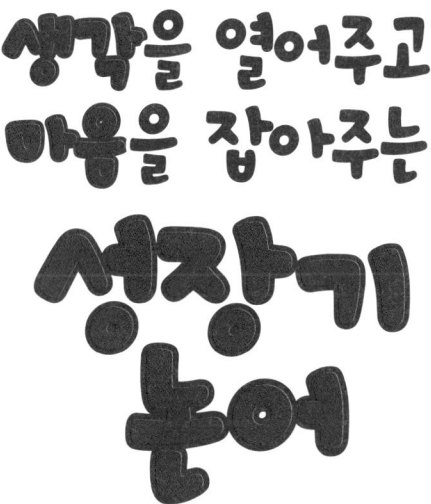

글 **윤병무** | 그림 **이철형**
추천 **최기홍**(고려대학교 심리학부 교수)

국수

| 추천의 글 |

부모는 자녀가 어떻게 성장하길 바랄까

최기홍
고려대학교 심리학부 교수
고려대학교 KU마음건강연구소 소장

만약에 어른들에게 소망을 들어주는 능력자가 나타나, 자신에 대한 소박한 소망을 한 가지만 말하라면 어떤 대답을 할까? 대답은 한결같지 않을 것이다. 암 같은 큰 병에 걸린 사람은 '건강 회복'이라고 대답할 수 있고, 가난에서 벗어나지 못하고 있는 사람은 '빚 갚을 돈'이라고 대답할 수 있고, 사업에 실패한 사람은 '사업 성공'이라고 대답할 수 있다. 그런데 서로 다른 이런 대답에는 공통점이 있다. 그것은 '결핍'이다. 결핍은 '있어야 할 것이 없거나 부족한 상태'를 말한다. 그래서 누구나 자신에게 없는 것, 자신에게 부족한 것을 희망하기 마련이다. 자신의 결핍을 채우고 싶은 마음은 당연한 심리이다.

이번에는 성장기 자녀를 둔 부모에게만 이렇게 묻는다. 당신의 자녀가 어떻게 성장하길 바라는가? 부모들은 자녀에게 채워 주고 싶은 것들을 모두 나열할 것이다. '건강하길 바라고, 공부도 잘하길 바라고, 재능도 뛰어나길 바라고, 인성도 좋길 바라고……' 등으로 대답하지 않을까. 그것은 두루 갖추어 훌륭히 성장하길 바라는 마음일 것이다. '건강, 공부, 재능, 인성……'은 모두 인생의 매우 중요한 가치이기 때문이다. 그럼, 그 질문을 바꾸어 그중 두 개만 고르라면 어떤 대답이 나올까? 그러면, 가장 중요한 가치부터 고를 수도 있겠지만, 마음속으로는 덜 중요한 가치부터 X표 할 수도 있겠다. 그 방법으로 X표 한다면 어떤 순서로 지워질까? 끝까지 지워지지 않는 소망은 '건강'일 것이다, 생명은 가장 중요하니까. 그럼, 남은 '공부, 재능, 인성' 중에서 무엇이 지워지지 않을까. 여기서부터는 정답은 없다.

그런데, 뉴스를 보면 잊힐 만하면 보도되는 불쾌한 사건들이 있다. 그것은 의료인, 법조인, 정치인, 고위 공직자, 종교 지도자 등이 저지른 성범죄나 부정부패 사건이다. 우리 주변에도 사회적으로 성공한 사람 중에서 남들에게 손가락질 받는 사람이 종종 있다. 일터에서, 음식점에서, 도로에서, 공공장소에서 보이는 그들은 요즘 말로 '갑질'의 당사자이기도 하다. 앞의 뉴스의 대상들도, 사회 공동체에서 손가락질 받는 '그들'도 대개는 성공한 사람들이다. 그들은 성장기에 공부도 잘하고, 재능도 뛰어나서 또래들보다 진학 경쟁력을 갖춘 아동이었고 청소년이었다. 다만, 그들은 성장기에도 좋은 인성을 갖추지는 못했을 것이다. 그들이 인성마저 좋았다면, 훗날 사회적으로 지탄받게 되지 않았을 것이다. 오히려, 자신의 사회적 지위나 전문성을 사회에 베풀어 사람들에게 칭찬받았을 것이다.

그럼, 앞의 질문을 다시 보자. 부모들은 자녀가 어떻게 성장하길 바라는가? '자녀의 건강' 다음인 가치는 무엇일까. 아니, '건강'에 '마음의 건강'까지 포함시킨다면, '좋은 인성'이야말로 몸 건강만큼 챙겨야 하는 가치가 아닐까. 이 말에 동의한다면, '자녀의 좋은 인성'은 어떻게 챙길 수 있을까. 자녀가 건강한 인성을 갖추려면 부모는 자녀를 어떤 길로 이끌어야 할까. 즉, 자녀의 '인성 교육'은 어떻게 가능할까. 그 '길'은 자녀의 인생이다. 그래서 그 '길'을 가는 사람은 부모가 아니라 자녀이다. 그 '길'을 부모가 동행하면 좋겠지만, 부모는 자녀 또래의 성장기로 되돌아갈 수 없다. 그런 처지를 이런 속담이 말한다. '소를 물가에 데려갈 수는 있어도 물을 먹일 수는 없다.' 그러니, 부모의 역할은 '소를 물가에 데려가는 일'일 따름이다.

그러려면, 부모는 어디에 물이 있는지, 무엇이 물인지를 먼저 발견해야 할 것이다. 그런 의미에서 나는 이 책이 포함된 '마음으로 생각하는 인성 공부 시리즈'를 추천한다. 이 시리즈는 바로 그 '물가'이기 때문이다. 동아시아 최고의 고전인 『논어』는 2500년 동안 인류의 좋은 선생님이었다. 그 영향력은 이미 서양까지 확장되었다. 하지만 『논어』는 해석이 분분하고 그 내용이 깊어서 성장기 독자가 그 물속에 생각을 담그기가 쉽지 않다. 그런데, 이 시리즈의 하나인 『생각을 열어주고 마음을 잡아주는 성장기 논어』는 그야말로 『논어』에서 성장기 아이들이 읽으면 좋을 내용만 고르고 추려서 독자의 눈높이로 다정히 풀어 쓴 탁월한 산문이다. 그래서 성장기 독자가 이 책을 자기 마음의 물결에 비추어 읽는다면, 모두가 공감하는 『논어』를 통하여 저절로 '인성 공부'를 할 수 있게 되리라.

이 시리즈의 또 하나의 '물가'는 『옛일을 들려주고 의미를 깨쳐주는 성장기 고사성어』이다. 매일은 깃털처럼 많아도 인생은 짧다. 그래서 뜻있게 살기 위한 인생의 경험은 한계가 있다. 역사 공부가 필요한 이유도 그 때문이다. 앞선 인류가 어떻게 살았는지, 그래서 인류의 시간이 어떻게 지나왔는지를 알고 나면 뜻있는 삶의 길이 보인다. 더욱이, 역사의 옛일에서 생겨난 뜻 깊은 말(글)은 오늘을 살아가는 성장기 아이들에게는 소중한 자료이자 좋은 선생님이 된다. 그런 의미에서『옛일을 들려주고 의미를 깨쳐주는 성장기 고사성어』는 부모는 할 수 없는, 성장기 독자의 인성 공부에 꼭 필요한 선생님이 될 것이다. 왜냐하면 이 책은 '고사성어'를 그저 건조하게 풀이한 안내서가 아니기 때문이다. 이 책의 원고를 읽으며 나는 느꼈다, 이 책은 성장기 독자의 마음을 쓰다듬으며 그 마음의 고삐를 천천히 이끌어 '물가'로 데려가고 있음을. 내가 다시 성장기로 돌아갈 수 있다면, 나는 이 '물'을 얼마나 달게 마실까!

이 시리즈의 또 하나의 '물가'는『속뜻을 알려주고 표현을 살려주는 성장기 속담』이다. 속담은 동네 어른들이 큰 나무 그늘에 앉아 찐 옥수수를 우물우물 씹어 먹는 듯한 말이다. 옛날에는 아이들도 말을 그렇게 듣고 배웠다. 하지만 오늘날의 대화는 속담을 잘 사용하지 않는다. 대화 문화가 달라진 까닭이기도 할 테고, 속담을 잘 모르는 이유이기도 할 테다. 그런데, 속담은 말하는 사람의 생각과 마음을 직접 드러내지 않고도 쉽고 유머 있게 소통할 수 있는 장점이 많은 대화법이다. 더욱이, 속담은 문학적이다. 모든 속담은 비유로 이루어져 있기 때문이다. 비유는 표현력을 높여 준다. 그런데 속담에는 말하는 사람의 심리가 깔려 있기에, 비뚤어진 심리에서 출현한 속담은 바람직하지 않다. 그런 의미에서 나는 성장기 독자에게 『**속뜻을 알려주고 표현을 살려주는 성장기 속담**』을 추천한다. 이 책에 담긴 꽤 많은 속담 모두는 성장기 독자가 알아 두면 좋고, 잘 활용하면 더 좋을 내용들이기 때문이다. 이 책의 구성도 마음에 든다. 저자는 이 책에 많은 속담을 담고 싶어 한 듯하다. '속담'은 『논어』와 '고사성어'만큼 이해의 폭을 넓히기 위해 자세한 풀이를 할 필요는 없었기 때문이지 않을까. 각각의 속담이 담고 있는 속뜻과 그 사례만 얘기해 주어도, 독자가 상황에 걸맞은 속담을 일상에서 스스로 활용하게끔 많은 속담을 비교적 짧지만 명료하게 소개해 주려고 한 것은 아닐까. 더욱이 이 책에 담긴 속담들은 사십 대인 나도 처음 들어 보는 것들이 많다. 그러고 보면, '인성 공부'는 거두어들이는 활동이 아니라 확장하는 활동일 테다.

할 말이 많다 보니 수다가 길어졌다. 그 바람에 청탁받은 원고 양을 훌쩍 넘겨 버렸다. 아무쪼록, '마음으로 생각하는 인성 공부 시리즈'가 성장기 아이들의 생각과 마음을 단단하게 살지게 하여, 훗날 '입시 공부'에도 지치지 않게 하는 건강한 '인성 공부'의 바이블이 되기를 바란다. 내가 아는 한, 가장 튼튼하기에 오래가는 공부가 바로 '인성 공부'이기 때문이다. 그러기에 이 시리즈는 충분히 그 역할을 해 줄 수 있을 거라고 심리학자인 나는 믿고, 추천한다.

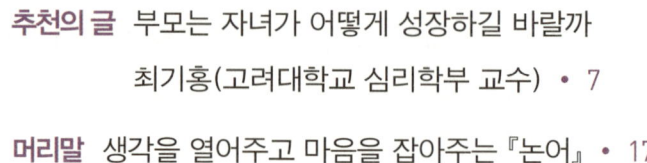
차례

추천의 글 부모는 자녀가 어떻게 성장하길 바랄까
최기홍(고려대학교 심리학부 교수) • 7

머리말 생각을 열어주고 마음을 잡아주는 『논어』 • 17

1 **군자의 감수성** • 22
2 **배우기와 생각하기** • 28
3 **어눌한 말과 민첩한 행동** • 34
4 **안다는 것, 좋아한다는 것, 즐긴다는 것** • 40
5 **꾸민 말과 꾸민 표정** • 46
6 **망설임과 신중함** • 52
7 **말과 행동의 순서** • 58
8 **배움과 가르침** • 64
9 **이익만을 좇는 행동의 결과** • 70
10 **걱정하기와 성찰하기** • 76
11 **지혜로운 사람과 어진 사람** • 82

12 두 스승 • 88

13 지혜로운 사람, 어진 사람, 용감한 사람 • 94

14 지나치지 않음과 벗어나지 않음 • 100

15 선비의 마음과 태도 • 106

16 정직함을 알아보는 친구 • 112

17 대화해야 할 때와 안 해야 할 때 • 118

18 근심이 생기는 까닭 • 124

19 사람들이 싫어하는 것과 좋아하는 것 • 130

20 '계발식 교육법'의 뿌리 • 136

21 군자와 소인 • 142

22 사람들과 어울리는 태도 • 150

찾아보기 • 156

| 머리말 |

생각을 열어주고
마음을 잡아주는 『논어』

　『논어』는 2500년 전에 고대 중국에 살았던 공자(孔子)와 그의 제자들의 언행을 기록한 책이에요. 그런 『논어』는 공자의 말, 공자와 제자가 주고받은 대화, 공자와 당시 사람들이 나눈 대화, 제자들의 말, 제자들끼리의 대화로 구성되어 있어요. 공자의 제자들이 스승의 가르침을 후대에 전하고자 기억을 되살려 쓴 기록인 『논어』는 오늘날에도 동아시아 최고의 고전(古典)으로 손꼽혀, 동양은 물론이고 서양에서도 널리 읽는 책이에요. 7권 20편으로 묶인 『논어』에는 정치·사회·문화·윤리 등 여러 분야에 대한 공자의 깊고 넓은 사상이 담겨 있어요. 그래서 학자들이 그 내용을 연구하는 일만으로도 평생을 보내기도 하는 만큼『논어』는 오늘날에도 많은 사람이 매우 중요하게 여기며 열심히 읽는 책이에요. 그러므로, 동아시아 최고의 고전으로 손꼽히는『논어』는 누구든 언젠가는 꼭 읽어야 할 필독서라고 말할 수 있어요. 하지만 그 내용은 만만치 않아요. 『논어』의 내용은 얼핏 보면 쉽게 읽혀도, 그 말들은 마치 시처럼 간결하고 함축되어 있어서 해석하기에 따라 여러 뜻을 품고 있어요. 그 점이『논어』의 매력이기도 해요.

그러한『논어』를 초등학생이나 청소년이 어떻게 읽을 수 있을까요? 우선, 그 분량이 많을뿐더러, 고대 중국의 역사와 문화에 대한 이해가 앞서지 않으면『논어』전체를 탐독하는 일은 절대로 쉽지 않아요. 그런데도『논어』에는 우리 초등학생과 청소년이 읽으면 건강한 '인성'을 갖출 수 있는 좋은 내용이 곳곳에 쓰여 있어요. 이 책의 집필 동기는 바로 그 점에 있어요. 그래서『논어』의 내용 중에서 성장기에 읽으면 좋을 구절을 골라 뽑았어요. 그 기준은 공자의 가르침 중에서 우리 아이들이 세상살이의 교훈으로 삼을 만한 내용이라고 판단한 것이에요. 그 주제는 '배움의 필요와 의미, 생각의 방향과 크기, 마음의 온도와 태도, 행동의 선택과 실천'이라고 말할 수 있겠어요.

그래서 이 책을 다 읽은 독자가 "나, 『논어』 탐독했어."라고 말할 수는 없겠지만, 이 책에 뽑아 놓은 『논어』의 가르침을 생각하며 읽고 마음에 새긴다면, 독자의 인성은 부쩍 성장할 수 있을 거라고 저는 믿어요. 그것은 신체가 건강히 성장하는 것만큼이나 중요한 일이에요. 몸은 자라는데, 생각과 마음은 자라지 않는다면 불행한 일이니까요.

문제는 『논어』의 내용을 잘 읽어 내는 일이에요. 흔히 '독해'라고 하지요. 그런데 『논어』를 '한자 풀이'만으로 그 함축된 말뜻을 읽어 내기에는 어린이-청소년 독자로서는 꽤나 부담될 터예요. 그래서 저는 '한자 풀이'뿐만 아니라, 그 깊은 말뜻을 최대한 성장기의 독자 눈높이에 맞추어 이야기로 풀어 썼어요. 그러기 위해 여러 출판사에서 출간된 『논어』들을 참고했지만, 제가 풀어 쓴 산문은 문학적 해석이에요. 문학은 이야기이고, 이야기에는 인간의 구체적인 삶이 있어요. 그리고 함께 어울려 사는 사회적 삶은 이렇게도 저렇게도 말할 수 있어요. 『논어』도 사람의 삶에 대하여 말하고 있어요. 그리고 그 '말들'에는 공자의 깊고 넓은 지혜가 맛있는 과일처럼 열려 있어요. 따라서, 『논어』는 독자의 생각과 마음에 따라 다양하게 이해할 수 있어요. 그러니 이 책의 독자도 『논어』의 한자 풀이와 이야기 풀이를 스스로 더 확장하여 읽어 내기를 바라요. 그래서 저는 풀어 쓴 이야기에 덧붙여, (정답을 요구하지 않는) 간단한 '서술하기'를 하나씩 제시했어요. "배우기만 하고 생각하지 않으면 공허하다."라는 공자의 말에 찬성하기 때문이에요. 저는 『논어』를 읽은 독자가 그 내용과 관련된 문제에 대해 스스로 생각해 보고, 자기 생각을 글로 써 보는 일이 중요하다고 믿어요. 그 글쓰기 활동은 『논어』의 구절들을 그저 '따라 쓰기' 하는 활동보다 훨씬 중요하다고 생각해요. 『논어』를 읽는 목적은 '한자 익히기'가 아니라, 동아시아 최고의 고전을 곱씹어 읽고, 가만히 생각하고, 마음으로 소화하는 활동에 있으니까요. 그래서 오히려 『논어』가 어린이-청소년 독자에게 '따라 쓰기'를 해야 하는 또 하나의 '숙제'가 되어 버린다면, 자칫하면 『논어』는 평생 가까이하고 싶지 않은 책이 될지도 몰라요.

그래서 저는 제안해요. '따라 쓰기' 대신에 필요한, 이 책 옆에 놓아 둘 공책을 하나 준비해 주세요. 그것은 일기장이어도 돼요. 공책이든, 일기장이든 그 노트에 이 책의 장마다 제시한 '서술하기'에 대해 자유롭게 글로써 대답해 보세요. 딱 한 문장이라도 좋으니 자기 생각을 글로 말해 보세요. 그 글의 표현은 때때로 독자 자신과 세상을 살펴보는 '성찰'로 이어지기 마련이어서, 『논어』를 무심히 두세 번 읽는 것보다 분명히 나을 거예요. 『논어』는 독자가 자기 생각을 보태 읽을수록 공자의 지혜에 가까워져요. 그것은 공자와 독자 자신을 만나는 일이에요. 삶의 지혜를 알고 싶었던, 공자의 성장기도 그렇게 시작했을 거예요.

지은이 윤병무

1
군자의 감수성

배우고 때때로 익히면 기쁘지 않은가.
먼 곳에서 친구가 찾아오면 또한 즐겁지 않은가.
남이 알아주지 않아도 화내지 않으면 군자가 아니겠는가.

學而時習之, 不亦說乎.
학이시습지 불역열호

有朋自遠方來, 不亦樂乎.
유붕자원방래 불역락호

人不知而不慍, 不亦君子乎.
인부지이불온 불역군자호

學 배울 학 | 時 때 시 | 習 익힐 습 | 說 기뻐할 열, 말씀 설 | 有 있을 유 |
朋 벗 붕 | 自 스스로 자 | 遠 멀 원 | 來 올 래(내) | 樂 즐길 락(낙),
노래 악, 좋아할 요 | 知 알 지 | 溫 따뜻한 온

학이시습지 불역열호(學而時習之 不亦說乎). 이 아홉 글자는 『논어』를 읽지 않은 사람도 한두 번 들어는 보았을 거예요. 이 문장으로 시작한 앞쪽의 명언은 공자의 제자들이 스승인 공자의 말을 기록한 『논어』의 첫 구절이에요. 공자가 우선 강조한 것은 '학습'이에요. 학습은 한자로 배울 학(學), 익힐 습(習)이에요. 그래서 학습은 '배움'과 '익힘'을 뜻해요. 배움의 뜻은 '몰랐던 지식이나 기술을 새로 알게 됨'이에요. 익힘의 뜻은 '자주 경험하여 익숙하게 함'이에요. 그런데 지식이나 기술은 배워도 곧바로 익혀지는 것이 아니에요. 곱셈구구의 원리를 이해했어도 2단부터 9단까지 외워야 익혀져요. 악기 연주법을 배웠어도 자주 연습하지 않으면 연주를 잘할 수 없어요. '배움'만큼 '익힘'도 중요한 까닭이에요. 그 '익힘'의 뜻이 학습의 習(습) 자에 있어요. 習(익힐 습)은 白(흰 백)에 羽(깃털 우)를 더한 글자예요. 흰 깃털이 돋은 어린 새가 날갯짓을 해요. 어린 새는 아직 날지 못하지만, 어미 새가 나는 모습을 보고 날갯짓을 연습해요. 이렇듯, 새[鳥]로 태어났어도 배우고 익혀야 날 수 있어요.

배운 것을 익히면 왜 기쁠까요? 그 기쁨은 자기 실력이 나아진 것을 알아차렸을 때의 감정이에요. 몰랐던 지식이나 기술을 알게 되면 뿌듯한 기쁨이 마음속에 차올라요. 겨우 열 번밖에 못 하던 줄넘기도 자꾸 연습하면 한 달 뒤에는 2단 뛰기도 할 수 있어요. 목표를 이룬 순간의 기쁨은 경험해 본 사람만 느낄 수 있어요. 공부도 마찬가지예요. 마침내 구구단을 다 외웠을 때를 떠올려 보세요. 아주 먼 옛날부터 사람들은 어떤 새로운 사실을 알아내고는 기뻐했어요. 그 지식이 남들에게 전해져 계속 발전했어요. 이렇듯, 오늘날의 모든 지식과 기술은 우리보다 앞서 살았던 사람들이 배우고 익히며 느꼈던 기쁨에서 비롯되었어요.

두 번째 문장인 "먼 곳에서 친구가 찾아오면 또한 즐겁지 않은가"는 인간관계에 관하여 말하고 있어요. 멀리 사는 친구가 나를 찾아오면 내 마음은 즐거워요. 한동네에 살면서 친하게 어울렸던 친구가 먼 곳으로 이사 가서 슬펐는데, 어느 날 그 친구가 나를 만나러 오면 무척 즐거워요. 방학에 할머니 댁에 놀러 갔을 때 만난 친구가 어느 날 내가 사는 고장에 왔다가 시간을 내서 나를 찾아오면 반가워요. 친구도 나를 그리워했던 거예요. 친구가 나를 마음에 담고 있다는 사실이 나를 즐겁게 해요.

세 번째 문장인 "남이 알아주지 않아도 화내지 않으면 군자가 아니겠는가"는 사람의 됨됨이에 관하여 말하고 있어요. 흔히 사람들은 남들이 자신을 알아주지 않으면 섭섭해해요. 남들이 나를 몰라주기 때문이에요. 그럴 때 사람들은 때로는 화도 내요. 하지만 남들이 알아주지 않아도 내 생각과 마음과 말과 행동이 정직하다면, 오히려 그걸 알아차리지 못하는 사람이 부끄러워할 일이에요. 그래서 남들이 나를 알아주든, 알아주지 않든 그 평가에 마음 쓰지 않고 스스로 정직하게 생각하며 점잖게 행동하는 사람을 공자는 '군자'라고 일컬었어요. <mark>군자</mark>는 '<mark>공정한 생각과 너그러운 마음으로 점잖게 행동하면서 공부도 깊게 한 사람</mark>'을 뜻해요. 『논어』에는 '군자'라는 말이 종종 나오니 그 뜻을 잘 이해해야겠어요.

서술하기

학습(學習)할 때, 배움[學]이 더 어려울까요?
익힘[習]이 더 어려울까요?
스스로 생각하여 공책에 서술하세요.

2
배우기와 생각하기

배우기만 하고 생각하지 않으면 공허하고,
생각만 하고 배우지 않으면 위태롭다.

學而不思則罔,
학이불사즉망,
思而不學則殆.
사이불학즉태.

學 배울 학 | 而 말 이을 이 | 不 아닐 불(부) | 思 생각 사 | 則 곧 즉, 법칙 칙 | 罔 없을 망 | 殆 위태할 태

앞의 문장을 다음과 같이 끊어서 읽어 볼까요?
배우기만 하고
생각하지 않으면
공허하고,
생각만 하고
배우지 않으면
위태롭다.

이처럼, 어떤 글은 시처럼 끊어 읽으면 글의 내용이 더 잘 읽혀요. 글에 '운율'이 있거나, '대비'가 있으면 더더욱 그래요. 위의 글에는 운율도 있고, 대비도 있어요. "~만 하고, ~지 않으면"에는 운율이 있고, '배움'과 '생각'에는 대비가 있어요. 그래서 이런 글은 적절히 끊어 읽으면 읽는 재미가 있어요. 원문인 앞쪽의 한자들(學而不思則罔, 思而不學則殆)도 읽는 재미를 예상하여 그렇게 말하고 썼을 거예요. 글쓴이가 재미를 예상하며 쓴 글을 독자도 재미를 예상하며 읽을 때 글쓴이도, 독자도 즐거워져요.

"배우기만 하고 생각하지 않으면" 왜 "공허"할까요? 공허(空虛)는 한자로 빌 공(空), 빌 허(虛)예요. 두 의미가 모두 '비었다.'라는 뜻이니, 공허는 '아무것도 없이 텅 빔'을 뜻해요. 그래서 공허는 '알맹이 없는 헛됨'을 뜻하는 말로도 쓰여요. 8 모양의 땅콩 껍데기 속에는 땅콩이 들어 있어요. 그런데 간혹 어떤 땅콩 껍데기 안에는 있어야 할 땅콩이 없어요. 땅콩 열매가 겉모양만 맺은 거예요. 땅콩 껍데기 속에 땅콩이 없으면 그 열매는 씨앗이 될 수 없어서 식물로 자랄 수 없어요.

'배움'도 마찬가지예요. 누군가가 무언가를 배울 때, 생각은 하지 않고 그저 배우기만 하면, 그 배움은 머릿속에서 더 자라지 못해요. 예컨대, 사과 상자 속에 가로로 6개, 세로로 4개가 들어 있는 사과가 24개라는 사실을 우리는 곱셈구구를 배워서 쉽게 알아요. 6×4=24이며, 4×6=24이니까요. 그런데 이 수식은 6+6+6+6=24이며, 4+4+4+4+4+4=24인 것을 더 빠르고 쉽게 셈한 방법이라는 것을 생각하지 못하면 '곱셈구구'의 장점을 알아차리지 못해요. 곱셈은 덧셈을 빠르고 쉽게 하는 셈법이라는 사실을 생각하지 못하면, 또 다른 수학의 원리를 깨치는 일에도 흥미를 느끼지 못하게 되어요.

반면에, "생각만 하고 배우지 않으면" 왜 "위태"로울까요? '위태롭다'라는 말은 '어떤 상태가 마음을 놓을 수 없을 만큼 위험한 듯하다.'라는 뜻이에요. '위태롭다'와 비슷한 말은 '위험하다', '아슬아슬하다'예요. 그래서 '위태로움'은 안전하지 않은 상태를 의미해요. 누군가가 생각은 열심히 하는데, 그 생각과 관련된 지식을 배우지 않으면, 자칫하면 사실이 아닌 것을 사실로 받아들일 수도 있어요. 예컨대, 오늘날 우리는 지구가 둥근 공 모양이라는 사실을 배워서 알고 있어요. 그러나 그 사실을 몰랐던 옛날 사람들은 곰곰이 생각했음에도 지구는 평평하고 바다 끝에는 낭떠러지가 있다고 여겼어요. 수평선까지 나간 먼바다의 돛배가 끝내는 가라앉는 것처럼 보였기 때문이에요. 이처럼, 사실이 아닌 것을 열심히 생각만 하여 그저 믿어 버렸으니 그 생각의 결과는 위태로울 수밖에 없어요. 그러므로 '배움'과 '생각'은 마치 연(鳶)과 연줄처럼 함께 있어야 공허하거나 위태롭지 않아요.

서술하기

'배우기만 하고 생각하지 않은' 사례와
'생각만 하고 배우지 않은' 사례를 찾거나 상상하여
공책에 서술하세요.

3
어눌한 말과 민첩한 행동

군자는 말은 어눌해도 행동은 민첩하다.

君子欲訥於言而敏於行.
군자욕눌어언이민어행.

君 임금 군 | 子 아들 자 | 欲 하고자 할 욕 | 訥 말더듬거릴 눌 |
於 어조사 어 | 言 말씀 언 | 而 말이을 이 | 敏 민첩할 민 | 行 다닐 행

　작가 중에는 탁월한 작품을 써도 말솜씨는 좋지 않은 분이 있어요. '글'도 언어이고, '말'도 언어인데, 왜 어떤 작가에게는 그 두 능력이 상반될까요? 마찬가지로, 학자 중에는 훌륭한 연구를 해도 강의는 잘하지 못하는 분이 있어요. '연구'도 정신 활동이고, '교육'도 정신 활동인데 왜 어떤 학자에게는 그 두 능력에 차이가 클까요? '작품 쓰기'와 '연구 활동'은 비교적 시간 제약을 받지 않아요. 작품을 쓰는 시간은 따로 정해져 있지 않으니까요. 그 시간이 하루이든, 한 달이든, 일 년이든, 십 년이든 말이에요. 연구도 마찬가지예요.

　반면에, 누군가에게 말하는 시간은 짧아요. 그 상대가

한두 사람이든, 수십 명의 청중이든 말하는 시간은 서로가 만나고 있는 바로 그때이니까요. 작품을 쓰거나 연구를 하는 동안에는 필요한 자료도 찾아보면서 자기 생각을 끌어내는 데 정신을 쏟아요. 즉, 작품 쓰기와 연구 활동은 오롯이 혼자 어떤 주제에 몰입하는 일이에요. 하지만, 누군가를 상대로 말할 때는 비교적 짧은 시간에 듣는 사람의 반응도 살피면서 상대에게 자기 생각과 마음을 말로써 적절히 전달해야 해요. 그래서 사람에 따라서는 그 활동에 부담을 느낄 수 있어요. 그리고 그 부담은 '성찰'에서 비롯될 수 있어요. '성찰'은 마음속에서 작용하는 양면의 거울이에요. 즉, 성찰은 마음으로 세상을 비추어 보는 시선이자, 동시에 자신을 비추어 보는 눈길이에요. 그중, 자신을 비추어 보는 거울이 크면 클수록 그 거울은 '말하는 사람'을 주저하게 만들어요. '이렇게 표현하는 게 옳을까?' '이렇게 단정해 말할 수 있을까?' 식으로 순간순간 자기에게 자꾸 묻기 때문에 말하기가 조심스러운 거예요.

그런데도 그런 작가나 학자는 자신의 작품이나 연구 주제가 분명히 정해지면 민첩하고 치밀하게 몰두해요. 밤낮을 가리지 않고 그 일에 몰입해요. "군자는 말은 어눌해도 행동은 민첩하다"라는 공자의 말은 바로 그런 경우를 일컫는 것일 거예요. 작가는 작품으로써 작가의 수준을 나타내고, 학자는 연구로써 학자의 수준을 나타내요. 그러므로, 작가와 학자에게는 말보다는 행동, 즉 작품 쓰기와 연구 활동이 가장 중요한 일이에요.

작가나 학자가 아닌 사람들은 어떨까요? 누구든 자기 말을 입 밖으로 꺼내면 되돌릴 수 없어요. 그래서 말하기를 조심하는 사람이 있어요. 그런 사람들도 앞서 한 얘기처럼 '자기 성찰'에 익숙한 분들이에요. 그런 분 중에는 행동은 분명하고 민첩한 분이 적지 않아요. 그분들의 행동은 이미 자기 성찰을 통하여 마음속에서 결정한 일일 거예요. 주위 사람들을 떠올려 보아요. 마음이 너그럽고 행동도 점잖은데, 말수가 적고 말할 때는 어눌한 분들이 있어요. 그분들에게는 말할 때마다 자기 마음의 거울로 자신을 비추어 보는 습관이 있어요. 하지만 그런 분들은 대개는 부지런하고 성실하여 모범적으로 행동하세요. 예컨대, 어떤 분은 여럿이 함께 쓰는 건물 안팎을 묵묵히 청소하거나, 형편이 어렵거나 건강이 안 좋은 이웃을 위하여 배려도 하고 봉사도 해요. 그러니, 행동이 바른 누군가가 어눌하게 말하면, '아, 이 사람은 말을 조심스레 고르는 중이구나.' 하고 생각하면 되어요.

서술하기

우리 주위에는 '말'은 잘하는데, '행동'은 정반대인 사람도 있어요. 그런 사례를 떠올려 보고, 그 까닭을 생각하여 공책에 서술하세요.

4
안다는 것, 좋아한다는 것, 즐긴다는 것

아는 사람은 좋아하는 사람만 못하고,
좋아하는 사람은 즐기는 사람만 못하다.

知之者不如好之者,
지지자불여호지자,

好之者不如樂之者.
호지자불여락지자.

知 알 지 | 之 갈 지 | 者 사람 자 | 不 아닐 불(부) | 如 같을 여 | 好 좋을 호 | 樂 즐길 락(낙)

　공자는 일을 대하는 사람을 세 부류로 구분했어요. 그 첫 번째 사람은 지식이든 기술이든, 그 어떤 일에 대하여 아는 사람이에요. 그 두 번째 사람은 그 일을 좋아하는 사람이에요. 그 세 번째 사람은 그 일을 즐기는 사람이에요. 예컨대, 축구 경기 규칙을 아는 사람이 있어요. 월드컵처럼 큰 경기가 열리면 경기를 시청하는 그는 골킥(goal kick), 코너킥(corner kick), 프리킥(pree kick), 페널티킥(penalty kick), 오프사이드(offside) 등의 경기 규칙을 알고 있어요. 그래서 그는 중계방송의 해설도 잘 알아들어요. 또 다른 사람은 축구 경기 규칙을 잘 알고 있을뿐더러, 축구를 꽤 좋아하여 월드컵이 아니더라도 국내외 경기들을 꼬박꼬박 챙겨 보고, 선수들의 특징도 기억하며, 때때로 경기장을 찾아가서 직접 관람도 해요. 그는 축구 관람을 좋아하는 사람이에요. 그런가 하면, 경기 관람은 물론이고, 축구 동호회에도 가입하여 틈나는 대로 축구 경기를 직접 하는 생활 체육인도 있어요. 그는 축구를 잘 알고, 경기 관람을 좋아할 뿐만 아니라, 축구를 운동으로도 즐기는 사람이에요.

또 다른 예를 생각해 볼까요? 우리 초등학생들처럼 한국어를 읽고 쓸 줄 아는 사람이 있어요. 그는 한국어를 아는 사람이에요. 더 나아가, 한국어로 쓰인 책 읽기를 좋아하는 사람도 있어요. 그런가 하면, 책 읽기는 물론이고, 글쓰기도 즐기는 사람이 있어요. 그는 한국어를 잘 활용하여 일기, 편지, 독후감뿐만 아니라, 시나 수필 같은 글짓기도 제법 즐기는 사람이에요.

이처럼 운동이든, 기술이든, 지식이든 어떤 일을 '안다는 것'과 '좋아한다는 것'과 '즐기는 것'에는 차이가 있어요. 그리고 그 '차이'에는 각각의 수준이 나타나기 마련이에요(수준은 '우열의 정도'를 뜻하는 말이에요). 즉, 앞쪽의 공자의 명언대로, 어떤 일을 아는 사람보다는 그것을 좋아하는 사람이 더 나아요. 한국어를 읽고 쓸 줄 '아는 사람'보다는 한국어로 쓰인 책을 읽고 글쓰기도 '좋아하는 사람'이 나아요. 더 나아가, 어떤 일을 좋아하는 사람보다는 그것을 즐기는 사람이 더 나아요. 무엇을 좋아하는 것과 즐기는 것은 둘 다 자발적 활동이라는 점에서는 비슷해요. 하지만, 어떤 일을 즐기는 사람은 그 일을 좋아하는 사람보다 더 큰 기쁨을 경험하며 그 일의 매력을 몸과 마음으로 직접 느끼는 사람이에요. 자신이 좋아하는 선수가 공을 차서 득점하는 장면을 보며 환호하는 일과 자신이 슈팅(shooting)한 축구공이 골망을 흔들 때의 환희는 다를 테니까요.

그래서 "아는 사람은 좋아하는 사람만 못하고, 좋아하는 사람은 즐기는 사람만 못하다."라는 공자의 명언은 옛날이나 지금이나 마찬가지로 일을 대하는 사람들의 수준을 구별 지어요. 그래서 음악이든, 미술이든, 문학이든, 스포츠이든, 공부이든, 자기 마음이 이끄는 대로 한껏 경험하면서 그 일의 매력을 느낄 때, 비로소 '즐긴다.'라고 말할 수 있어요. 하지만, "아는 만큼 즐긴다."라는 말이 있듯이, 좋아하거나 즐기는 일은 '앎'에서 시작해요. 알지 못하면 좋아하지도, 즐기지도 못하니까요.

서술하기

"아는 만큼 보인다."라는 말도 있어요.
이 말뜻은 무엇일까요?
스스로 생각하여 공책에 서술하세요.

5
꾸민 말과 꾸민 표정

그럴싸하게 꾸민 말을 하고
부드럽게 꾸민 표정을 짓는 사람 중에서
어진 사람은 없다.

巧言令色, 鮮矣仁.
교언영색, 선의인.

巧 공교할 교 | 言 말씀 언 | 令 영 영(령) | 色 빛 색 | 鮮 고울 선 | 矣 어조사 의 | 仁 어질 인

　어린아이도 사람의 태도를 보면 느껴요. 자기를 대하는 사람의 표정을 보고, 말소리를 듣고는 그 사람이 자기를 좋아하는지 싫어하는지를 느낄 수 있어요. 하지만, 어린아이는 그 사람의 됨됨이까지 알아차리지는 못해요. 아직은 생활 경험이 부족하고 판단을 잘하지 못하기 때문이에요. 누군가가 속마음으로는 그렇지 않으면서도 겉으로는 예뻐하는 척할 수도 있다는 것을 어린아이는 생각하지 못하는 거예요. 그렇지만 어린아이는 성장하면서 여러 경험을 하고, 겪은 일의 앞뒤를 생각할 줄 알게 되면서 점점 분별력도 갖추어요.

　그런데도 어린이나 청소년뿐 아니라 성년이 되어서도

누군가의 됨됨이를 제대로 알아차리지 못하는 경우가 드물지 않아요. 흔히 사람들은 어떤 사람의 말소리를 듣고, 그 사람의 표정과 몸짓을 보고, 그 사람의 됨됨이를 판단해요. 그런데 어떤 사람이 말과 표정을 남들이 듣기 좋고 보기 좋게 꾸미면 사람들은 그 사람에게 깜빡 속아 넘어가기도 해요. 지금으로부터 약 2500년 전에 공자가 살았던 시절에도 그랬나 봐요. 공자는 그런 경우들을 교언영색(巧言令色)이라고 일컬었어요. 이어서, 선의인(鮮矣仁)이라고 평가했어요. 즉, "그럴싸하게 꾸민 말을 하고, 부드럽게 꾸민 표정을 짓는 사람 중에서 어진 사람은 없다[巧言令色, 鮮矣仁]"라는 명언을 남겼어요.

교언영색(巧言令色)과 비슷한 말이 있어요. 감언이설(甘言利說)이에요. 이 말의 첫 글자인 달 감(甘)에서 알 수 있듯, 감언이설은 '달콤한 말'이에요. 더 정확히 말하면, '솔깃한 마음이 들도록 남의 기분을 맞추어 이익을 얻으려고 꾀는 말'이 감언이설이에요. 그럼, '교언영색'

과 '감언이설'은 누가, 왜 하는 걸까요? 그것은 둘 다, 사람들에게 자기를 좋게 보이게 하여 자기를 이롭게 하려는 목적에서 비롯해요. 이를테면, 국회의원이나 단체장 선거에 나온 후보자들이 그럴싸한 말과 표정과 몸짓으로 유권자들에게 잘 보여서 표를 얻으려고 해요('유권자'는 선거할 권리를 가진 사람이에요). 실제로, 그렇게 해서 당선되는 경우도 적지 않아요.

이처럼, 앞쪽의 짧은 명언의 핵심은 '교언영색'을 일삼는 사람 중에는 '어진[仁] 사람은 없다.'예요. 그러니, 인(仁)은 꼭 기억해 두어야 할 낱말이에요. 『논어』에 자주 나오는 낱말인 인(仁)은 '사람 됨됨이의 가장 높은 경지'를 일컬어요. 인(仁)은 우리말로는 어짊이에요. 어짊, 즉 어질 인(仁)은 '남을 사랑하여 마음이 너그럽고, 지혜롭게 행동함'을 뜻해요. 이 책의 첫 장에 나온 군자(君子)라는 낱말을 기억하나요? '공정한 생각과 너그러운 마음으로 점잖게 행동하면서 공부도 깊게 한 사람'을 뜻하는

==군자==는 ==인==(仁)을 ==실천하는 사람==이에요. 남을 사랑하는 너그러운 마음을 갖고 공부와 경험으로 지혜를 쌓으면서 정직하게 행동하면 누구나 군자가 될 수 있어요. 그러려면 교언영색(巧言令色)도 분별해 내야겠어요. '참'과 '거짓'을 가려내고, '옳음'과 '그름'을 판단할 수 있어야 지혜롭다고 말할 수 있을 테니까요.

서술하기

누군가의 말과 표정에 '꾸밈'이 있는지 없는지는 어떻게 알아차릴 수 있을까요? 자신의 경험을 떠올려 가만히 생각하여 공책에 서술하세요.

6
망설임과 신중함

계문자가 세 번 생각하고 나서 실행했다.
이 얘기를 들은 공자가 말했다:
"두 번이면 충분하다."

季文子三思而後行.
계문자삼사이후행.

子聞之, 曰:
자문지, 왈:

"再斯可矣."
"재사가의."

三 셋 삼 | 思 생각 사 | 而 말이을 이 | 後 뒤 후 | 行 다닐 행 | 子 아들 자 | 聞 들을 문 | 之 갈 지 | 曰 가로 왈 | 再 둘 재 | 斯 이 사 | 可 옳을 가 | 矣 어조사 의

　앞쪽의 문장에 나오는 계문자(季文子)는 옛날 중국의 노(魯)나라에서 높은 벼슬에 올랐던 사람이에요. 그는 종종 망설이는 성격이었나 봐요. 어떤 일을 앞두고 세 번이나 생각하고 나서야 비로소 실행할 만큼 말이에요. 그런 그의 얘기를 전해 들은 공자는 "再斯可矣"(재사가의)라고 말했대요. 그 말은 어떤 일을 실행하기에 앞서 '(생각은) 두 번이면 된다.'라는 뜻이에요. 공자는 왜 '두 번'이면 된다고 말했을까요? 왜 '세 번'은 지나치다고 판단했을까요? 그리고 왜 '한 번만' 생각하는 것은 추천하지 않았을까요?

　어떤 일의 실행을 앞두고 '세 번' 생각한다는 것은 마음속에 '망설임'이 많은 상태일 거예요. '이럴까, 저럴까, 아니 다시 이럴까?' 하는 마음일 테니까요. 반면에, 어떤 일의 실행을 앞두고 '두 번' 생각한다는 것은 '이럴까, 저럴까'를 결정하려는 마음의 상태예요. 그래서 두 번 생각하는 것은 망설임보다는 신중함에 가까운 마음이라고 말할 수 있겠어요. 그럼, '한 번만' 생각하는 경우는 어떤 마음의 상태일까요? 그 마음속에는 '이러자!'만 있을 뿐, '저럴 수도 있다!'라는 것을 미처 생각하지 못하거나, '저럴 수도 있음'을 아예 마음에 두지 않는 상태예요. 그래서 한 번만 생각하는 경우는 자칫 경솔한 행동으로 이어질 수 있어요. 한자로 경솔(輕率)은 가벼울 경(輕), 거느릴 솔(率)이에요. 그 뜻은 '말이나 행동이 조심성 없이 가벼움'이에요. 그래서 '경솔함'은 '신중함'에 반대되는 말이에요. 한자로 삼갈 신(愼), 무거울 중(重)인 신중(愼重)은 '매우 조심스러움'을 뜻하거든요.

이처럼 누군가가 어떤 일의 실행에 앞서, 마음의 상태

에 따라 망설일 수도 있고, 신중할 수도 있고, 경솔할 수도 있어요. 그런데 그중 '망설임'이 지나치면 자칫 ==결정 장애==로까지 진행될 수도 있어요. 즉, ==어떤 선택이나 태도를 정해야 할 때 지나치게 망설이기만 하고 결단을 내리지 못하는 경우==가 그런 상태예요. 사소한 예를 들어 볼까요? 오랜만에 만난 삼촌이 두 명의 어린이 조카를 데리고 동네 슈퍼마켓에 갔어요. 그러고는 두 조카에게 먹고 싶은 과자를 세 개씩 고르라고 했어요. 한 조카는 30초도 안 걸려 금방 골랐어요. 그런데 다른 조카는 5분이 지나도록 이것저것을 쥐었다가 놓기를 반복했어요. 삼촌은 잠자코 기다려 주었지만, 일찌감치 과자를 고른 조카는 지루해하며 투덜거렸어요. 그러자 아직 과자를 고르지 못한 조카가 울상이 되었어요. 이처럼, 지나친 망설임은 자신의 마음을, 그리고 때로는 남들의 마음마저 불편하게 해요. 그리고 지나친 망설임은 무엇보다 자신의 정신 건강에 좋지 않아요. 사소한 일에도 자주 주저하는 마음이 생겨 그것이 습관이 된다면 마침내는 자기 마음 전체를 불안하게 만들기 때문이에요.

물론, 경솔한 행동도 자신과 남들에게 피해를 주므로 삼가야 해요. 그러려면, 어떤 일을 실행하기에 앞서서, 그렇게 해도 문제가 없는지 한 번 더 생각하고 행동하면 현명하게 생활할 수 있을 거예요. 그래서 공자도 "두 번이면 충분하다[再斯可矣]"라고 말했을 거예요. 물론, 마음먹은 대로 실행하는 것도 매우 중요해요.

서술하기

'망설임'과 '신중함'의 차이는 무엇일까요?
자신의 경험이나 주위 사람들을 떠올려서
자기 생각을 자유롭게 공책에 서술하세요.

7
말과 행동의 순서

그는 말에 앞서 행동하고,
그 뒤에 말이 행동을 따르게 한다.

先行其言,
선행기언,

而後從之.
이후종지.

先 먼저 선 | 行 다닐 행 | 其 그 기 | 言 말씀 언 | 而 말이을 이 | 後 뒤 후 | 從 좇을 종 | 之 갈 지

　공자의 제자 중에 자공(子貢)이라는 학자가 있어요. 그가 공자에게 군자(君子)에 대하여 여쭈었어요. 공자는 이렇게 대답했어요. "선행기언(先行其言), 이후종지(而後從之)." 이 말뜻을 풀이하면 "그는[군자는] 말에 앞서 행동하고, 그 뒤에 말이 행동을 따르게 한다."예요. 이 말대로면, 군자는 말보다 행동을 먼저 하는 사람이에요. 그리고 말을 행동에 뒤따르게 하는 사람이에요. 군자는 왜 말보다 행동을 앞세울까요?

　흔히 사람들은 '행동'보다 '말'을 앞세울 때가 많아요. 예컨대, 학교에 자주 지각하는 학생이 친구의 지적에 이렇게 말해요. "내일부터는 일찍 등교할 거야." 평소에 운동을 전혀 하지 않는 직장인이 가족에게 말해요. "다음 주부터는 매일 새벽에 운동할 거야." 컴퓨터 게임에 빠진 학생이 걱정하시는 엄마에게 말해요. "다음부터는 하루에 한 시간씩만 할게요." 날이 갈수록 뱃살이 늘어나는 남편이 아내에게 말해요. "내일부터 간식도 끊고 식사도 적게 할 거야." 이런 식으로 흔히 사람들은 말을 먼저 앞세워요. 하지만 정작 자신이 말한 대로 행동하는 경우는 드물어요.

　말한 대로 실행하는 일은 왜 쉽지 않을까요? 말은 생각을 입으로 나타낼 수 있기에 쉬워요. 반면에, 행동은 마음가짐을 몸으로 실천해야 하기에 쉽지 않아요. 행동은 어떤 학생이 늦잠 자지 않고 제시간에 맞추어 등교해야 하는 일이기도 하고, 어떤 직장인이 새벽에 일어나 한겨울에도 운동 차림을 해야 하는 일이기도 하니까요. 또 행동은 어떤 학생이 컴퓨터 게임을 자제하는 생활 태도이기도 하고, 음식을 탐내는 어떤 아저씨가 간식은 물론이고 식사량도 조절해야 하는 식습관이기도 하니까요.

그래서 ==실천하지 못할 행동보다 말이 앞서면 그 말은 '거짓말'이 되거나 '빈말'이 되어 버려요.== 말로써 행동을 예고했지만, 실제로는 행동으로 실천하지 않았으니까요. 그럼, 그 순서를 어떻게 바꿀 수 있을까요? 앞의 예에서 그 순서를 바꾸면 이래요. 틈만 나면 컴퓨터 게임을 하려는 학생이 어느 날은 마음먹었어요. 그러고는 당장 그 날부터 알람 시간을 60분에 맞추어 놓고 게임을 했어요. 그 학생은 알람 소리가 울리자 게임을 더 하고 싶었지만, 곧바로 게임을 그만두었어요. 그렇게 하루, 이틀, 사흘, 일주일이 지나자 그것은 새로운 습관이 되었어요. 그동안 가만히 지켜보시던 엄마가 그 자녀에게 말했어요. "우리 아이가 철들었구나. 자제할 줄도 알고. 대견해!" 학생이 대답했어요. "쉽지 않았지만, 나와의 약속을 지키니 기분도 좋고, 게임 시간을 스스로 조절할 수 있을 것 같아요. 앞으로도 한 시간을 넘기지 않을 작정이에요."

어때요? 행동이 먼저 앞서고, 그러고 나서 그 행동에 따르는 말은 거짓말이 되거나 물거품처럼 빈말이 되어 버리지 않아요. 마음먹은 대로 행동하기란 쉽지 않지만, 누구든 일단 실행하고 나면 스스로에게도 당당할뿐더러 뿌듯한 성취감도 느낄 수 있어요. 그러니, 그 후에 하는 말에도 자신감이 스며 있고, 남들에게도 떳떳한 거예요. 행동이 앞선 말은 남들에게도 믿음을 주어서, 주위 사람들도 그 사람의 행동과 말을 믿고 인정하기 마련이에요. 앞의 이후종지(而後從之)라는 말에는 그런 뜻도 포함되어 있어요.

서술하기

'말에 앞서 행동하기 위한' 좋은 방법이 있을 거예요.
그 방법은 무엇일까요?
자신의 경험과 생각을 떠올려 공책에 서술하세요.

8
배움과 가르침

옛것을 학습하여 새로운 것을 알면
스승이 될 수 있다.

溫故而知新,
온고이지신,

可以爲師矣.
가이위사의.

溫 따뜻할 온 | 故 연고 고 | 而 말이을 이 | 知 알 지 | 新 새 신 | 可 옳을 가 | 以 써 이 | 爲 할 위 | 師 스승 사 | 矣 어조사 의

온고이지신(溫故而知新)의 첫 글자인 온(溫)은 주로 '따뜻함'이라는 뜻으로 쓰이지만, '익힘, 학습함'이라는 뜻도 있는 한자예요. 그리고, 고(故)는 '연고', 즉 '까닭'이라는 뜻뿐만 아니라, '옛날, 옛일'이라는 뜻으로도 쓰는 낱말이에요. 그래서 앞의 문장에서 온고(溫故)는 '옛것을 학습함'을 뜻해요. 따라서, 온고이지신(溫故而知新)을 풀이하면 '옛것을 학습하여 새로운 것을 알면'이에요. 이 말에서 '옛것'은 '누군가가 앞서 알아낸 어떤 지식이나 기술'이라고 말할 수 있겠어요. 이를테면, 세균은 맨눈에는 보이지 않아도 세상 곳곳에 있으며 사람 몸속에도 많이 있다는 사실은 오래전에 현미경을 발명한 과학자가 알아냈어요. 그 후 또 다른 과학자들은 세균 중에는 신체에 병을 일으키는 병균도 있고, 건강에도 유익하고 맛도 좋은 유산균도 있음을 새롭게 알아냈어요.

이처럼, '새로운 것'을 알아냈다는 것은 앞서 누군가가 알아낸 '옛것'에서 또 다른 것을 알게 된 결과예요. 그러므로 어떤 분야이든 '옛것'부터 알아야 해요. 그것이 사람들이 옛것을 배우고 익히는 까닭이에요. 예컨대, 곱셈과 나눗셈을 이해하려면 덧셈과 뺄셈부터 학습해야 해요. 곱셈은 덧셈을 쉽게 하는 계산법이고, 나눗셈은 뺄셈을 쉽게 하는 계산법이니까요. 또, 악보를 읽으며 연주를 하려면 계명, 즉 '도, 레, 미, 파, 솔, 라, 시'라는 음계를 배우고 익혀 빨리 읽어 낼 수 있어야 해요. 악보는 음계들이 촘촘히 그려져 있으니까요. 또, 외과 의사가 되려면 의과 대학 진학은 물론이고, 의학을 공부하고 수술 기술도 배우고 익혀야 해요. 이런 여러 학습 과정은 '학생'이 가야 할 길이에요. 그것은 앞서 전문가들이 이룬 '지식과 기술'을 배우고 익히는 일이에요. 그러면서 누군가는 더 새로운 것을 알아내기도 해요. 예컨대, 빌린 돈의 이자를 분수(分數)로만 계산할 수밖에 없었던 1500년대 후반에 분수보다 간단한 계산법을 궁리하던 네덜란드의 시몬 스테빈(Simon Stevin)이라는 군인 장교가 소수(小數)를 깨달은 일이 그래요. 또는, 더는 치료할 수 없는 상태의 치아를 치과에서 뽑고 나면 틀니를 만들어 끼우는 방법이 최선이었던 시절에 '임플란트'라는 인공 치아 이식 기술을 알아낸 일도 그래요.

이처럼, 누군가가 '새로운 것'을 알아내면 다른 사람들은 그 '새로운 것'을 배우고 익혀요. 그러려면 먼저 알아낸 사람이 그 새로운 것을 가르쳐 주어야 해요. 그래서 배우는 사람은 제자가 되고, 가르치는 사람은 스승이 되어요. 공자가 살았던 약 2500년 전에도 분명히 옛것이 있었을 테고, 그 옛것을 배우고 익힌 누군가는 더 새로운 것을 알아냈을 거예요. 그래서 공자는 "옛것을 학습하여 새로운 것을 알면 스승이 될 수 있다."라고 말했을 거예요. 그렇게, 제자들은 스승이 있어서 학습할 수 있었을 테고, 그 제자 중에서 누군가는 더 새로운 것을 알아내어 또 다른 스승이 되었어요. 오늘날의 사람들도 옛 스승들에게 배우고 익힌 지식이나 기술의 바탕을 이어받아 새로운 지식을 더하여 후배 세대에 전달해 주고 있어요. 그 일은 교육받고, 교육하는 활동이에요. 그래서 어느 시대이든 '배움'과 '가르침'은 가치 있고 보람 있는 활동이에요. 아주 오래전, 그 점을 얘기한 스승이 공자(孔子)예요. 그래서 우리는 공자의 말을 기록한 『논어』를 읽어요.

> **서 술 하 기**
>
> '배우는 일'과 '가르치는 일' 중에서
> 어느 것이 더 어려울까요?
> 가만히 생각하여 공책에 서술하세요.

9
이익만을 좇는 행동의 결과

이익을 따라 행동하면 원망이 많다.

放於利而行, 多怨.
방어리이행, 다원.

放 놓을 방 | 於 어조사 어 | 利 이로울 리(이) | 而 말 이을 이 | 行 다닐 행 | 多 많을 다 | 怨 원망할 원

　얼마 전, 지역 주민들이 오랫동안 통행로로 이용하던 땅을 사들인 사람이 그 길을 막아 버린 일이 뉴스로 보도되었어요. 그 길은 그 지역 학생들이 학교를 오가는 지름길이기도 했어요. 하루아침에 길이 막혀 멀리 돌아가야 했던 학생들은 지각도 했을 거예요. 뉴스 방송국의 기자와 인터뷰한 주민들은 땅 주인의 처신을 못마땅해했어요. 기자가 취재해 보니, 그 땅 주인이 그 지역의 행정 기관에 그 길을 비싼 값에 팔려고 벌인 일이었어요. 그러기 위해 땅 주인은 통행을 막아 주민들의 민원을 유발했어요('민원'은 주민이 원하는 바를 행정 기관에 요구하는 일이에요). 땅 주인의 예상대로 주민들은 그 지역 시청에 민원을 제기했어요. 동시에, 주민들은 언론사에도 알려 그 땅 주인을 비난했어요. 주민들의 심리와 행정 기관의 처지를 이용한 땅 주인의 교묘한 탐욕을 세상 사람들에게 고발한 거예요.

땅 주인으로서는 억울하다고 말할 수도 있겠어요. 자신은 불법을 저지르지 않았고, 대한민국 사회는 자기 이익을 추구할 자유가 누구에게나 있으니까요. 그런데도 그 일이 뉴스로 보도된 까닭은 무엇일까요? 법률로서는 문제가 되지 않지만, 도덕적으로는 옳지 않기 때문일 거예요. 땅 주인은 자기 이익만을 위하여 '공공의 이익'을 가로막았으니까요('공공의 이익'은 국가나 지역 사회의 구성원에게 물질적으로나 정신적으로 두루 보탬이 되는 일이에요). 그래서 그 땅 주인은 주민들은 물론이고 뉴스 시청자들에게도 비난받았어요. 흔히 사람들은 좋은 옷을 입고 싶어 하고, 맛있는 음식을 먹고 싶어 하고, 생활하기 편리한 집에서 거주하고 싶어 해요. 또 명문 학교에 진학하고 싶어 하고, 안정된 직장에 다니고 싶어 하고,

많은 재산을 가지고 싶어 해요. 당연한 마음이에요. 하지만, 자기 이익을 추구하는 방법이 법률적으로나 도덕적으로 옳지 않을 때는 남들에게 지적받고 원망받기 마련이에요. 그릇된 방법으로 이익을 추구하면 남들에게 피해를 주기 때문이에요.

옛날이나 오늘날이나 사람들은 '사회'를 이루어 살아가요. 사회 속에서 사람들은 서로 경쟁도 하고, 서로 도우며 살아요. 농어촌에서 생산한 곡식과 채소와 수산물은 전국 곳곳의 시장에서 경쟁하며 판매되어요. 다수의 국민은 농어민의 노동 결과물로 식탁을 차려요. 그 대가로 값을 치러요. 그 돈으로 시장 상인과 농어민은 자신들에게 필요한 다른 상품들도 구입하고, 교통, 통신, 보건, 금융, 미용 등의 여러 서비스도 받아요. 그 상품들과 서비스들은 농수산물을 구매한 국민이 각각의 일터에서 생산하거나 활동한 것들이에요.

이처럼, 사람들은 자신과 남들을 이롭게 하며 더불어 살아가요. 자기 이익을 추구하면서도 남들에게 피해를 주지 않으려고 노력해요. 더 나아가, 사람들은 자신의 활동이 남들에게는 즐거움과 편의로 이어지기를 기대하며 일해요. 맛있는 음식을 제공하는 요리사, 멋진 모양으로 머리를 손질해 주는 미용사, 환자의 병을 치료해 주는 의사와 간호사, 새벽부터 밤까지 승객을 이동시켜 주는 버스 기사 등등 우리 사회의 여러 직업인은 그렇게 살면서 보람도 느껴요. 반면에, 자기 이익만 좇다가 남들에게 원망을 듣는 사람도 적지 않아요. 단 한 번 사는 인생을 어떻게 살지는 마음먹기에 달렸어요.

서술하기

법률의 기준으로는 문제가 되지 않지만,
도덕의 기준으로는 옳지 않은 사례를 떠올리거나 찾아서
자기 생각을 공책에 서술하세요.

10
걱정하기와 성찰하기

남이 나를 알아주지 않는 것을 걱정하지 말고,
나의 능력이 부족한 것을 반성해야 한다.

不患人之不己知,
불환인지불기지,

患其不能也.
환기불능야.

不 아닐 불(부) | 患 근심 환 | 人 사람 인 | 之 갈 지 | 己 몸 기 | 知 알 지 | 其 그 기 | 能 능할 능 | 也 어조사 야

　남들을 아랑곳하지 않고 살아가는 사람들이 있어요. 그런 사람들은 어떤 사람일까요? 그 사람들을 두 종류로 나눌 수 있지 않을까요? 그중 한쪽은 군자 같은 사람일 거예요. 이 책 첫 장의 공자 말씀을 다시 읽어 보아요. 공자가 말했어요. "남이 알아주지 않아도 화내지 않으면 군자가 아니겠는가."라고요. '군자'처럼, 생각과 행동이 바르고 마음이 너그러운 사람은 남들이 자신을 알아주지 않더라도 마음 쓰지 않아요. 그런 사람은 마음이 맑고, 자신에게 떳떳하니까요. 또 다른 경우는 어떤 사람들일까요? 남들을 무시하는 사람이지 않을까요? 그런 사람은 배려심이 없어서 예의도 없어요. 예컨대, 승강기 안에서나 버스, 열차 안에서 시끄럽게 대화하거나 통화하는 사람이 그런 사람이에요. 그들은 남의 불편한 마음을 아랑곳하지 않아요.

그런데 사람들은 흔히 남들의 눈길에 마음 써요. 그러면서 자신을 주변 사람들과 비교하곤 해요. 그래서 마음속으로는 남들과 경쟁하기도 해요. '남들이 나를 어떻게 생각할까?' 하고 궁금해해요. 나아가 남들이 나를 무시하지는 않을지를 걱정하기까지 해요. 그런 걱정은 자신에게 자신감이 없어서 드는 불안한 마음이에요. ==자신감이 없다==는 것은 ==자신이 자기에게 바라는 능력이나 조건을 스스로 갖추지 못했다는 생각에서 생기는 불안한 마음이에요.== 나는 내가 이 정도이기를 바라는데, 그래서 남들도 나를 이 정도의 사람으로 평가하기를 바라는데, 사실은 그렇지 못해요. 그래서 그런 나를 남들이 얕잡아 볼지도 모른다는 불안감마저 드는 거예요.

그런데도 많은 사람은 자기의 상태를 알아차리지 못

하거나 때때로 모른 체해요. 남들의 눈길에만 마음 쓰다 보니, 정작 자기 자신을 정직하게 바라보지 못하는 거예요. 앞쪽의 "남이 나를 알아주지 않는 것을 걱정하지 말고, 나의 능력이 부족한 것을 반성해야 한다."라는 공자의 말의 요점은 무엇일까요? 남의 눈을 신경 쓰기보다 먼저 자기 자신을 살펴봐야 한다는 말이에요. 그래서 우리는 '반성'이라는 말을 눈여겨 읽어야 해요. 반성(反省)의 한자는 돌이킬 반(反), 살필 성(省)이에요. 그래서 반성은 '자신의 말과 행동에 잘못이나 부족함이 있는지를 돌이켜 생각하고 살피는 활동'이에요. 반성과 비슷한 말은 '성찰'이에요. 성찰은 '자기의 마음이나 자기가 관계 맺은 일을 반성하고 깊이 살피는 활동'이에요. 성찰은 반성보다 더 넓고, 깊게, 자기 자신과 자기의 일을 정직하게 살피는 고요한 생각이에요. 그래서 '성찰'은 잘 기억해 둘 만한 뜻깊은 낱말이에요.

성찰하는 사람은 자기 상태를 정직하게 알아차리는

사람이에요. 그래서 ==성찰하는 사람은 자신의 단점은 고치고 장점은 키우려고 노력해요.== 나를 바라보는 남들의 눈길을 걱정할 수 있으면, 그는 마음만 먹으면 자기를 성찰할 수 있는 능력도 있어요. 남들을 업신여기며 오로지 자기 이익만 생각하는 사람은 그러기 어렵겠지만 말이에요. 남들을 볼 수 있는 사람은 '나'를 볼 수 있는 '마음의 눈'도 갖고 있어요. 그 눈길을 나의 안쪽으로 돌리면, 누구든 자신의 정면을 만날 수 있어요. 그럴 수 있게 해 주는 것이 '나'를 비추는 성찰이에요. 그래서 성찰은 '나를 비추는 거울'이에요.

서술하기

반성하는 동안에는 마음이 불편해요.
반면에, 반성하고 나면 마음이 편안해져요. 왜 그럴까요?
가만히 생각하여 그 까닭을 공책에 서술하세요.

11
지혜로운 사람과 어진 사람

지혜로운 사람은 물을 좋아하고, 어진 사람은 산을 좋아한다.
지혜로운 사람은 활발하고, 어진 사람은 고요하다.
지혜로운 사람은 즐기며 살고, 어진 사람은 오래 산다.

智者樂水, 仁者樂山.
지자요수, 인자요산.

知者動, 仁者靜.
지자동, 인자정.

知者樂, 仁者壽.
지자락, 인자수.

智 슬기 지 | 者 사람 자 | 樂 즐길 락(낙), 좋아할 요 | 水 물 수 | 仁 어질 인
| 山 뫼 산 | 動 움직일 동 | 靜 고요할 정 | 壽 목숨 수

공자는 왜 "지혜로운 사람은 물을 좋아하고, 어진 사람은 산을 좋아한다."라고 말했을까요? 실제로 그럴까요? 꼭 그렇지는 않을 거예요. 강이나 바다는 그것대로 좋아할 만한 매력이 있고, 산은 산대로 좋아할 만한 매력이 있으니까요. 그러므로 그 말은 상징의 의미일 거예요 (상징은 '막연한 것을 어떤 사물로 대신하여 나타냄'을 뜻해요). 즉, 공자의 그 말은 지혜로운 사람과 어진 사람의 성격과 삶의 태도를 '물'과 '산'에 비유한 표현일 거예요. 물은 멈춰 있지 않고 자꾸 흐르려는 속성이 있어요. 지혜로운 사람[智者]은 지혜롭고 총명해서 호기심도 많고 분별력도 좋아요. 그러므로 지혜로운 사람은 물의 속성처럼 두루 섞이듯이 활동적이고 인간관계도 폭넓은 편

11 지혜로운 사람과 어진 사람

이에요. 그래서 공자는 덧붙여 "지혜로운 사람은 활발하다."라고 말했을 거예요. 이어서, "지혜로운 사람은 즐기면서 산다."라는 말도 '물'이 계곡에서부터 흘러서 강과 바다로 흘러가듯이 지혜로운 사람은 여행자처럼 다양한 경험을 하며 인생을 즐긴다는 뜻일 거예요.

반면에, 공자는 어진 사람을 산에 비유했어요. '물'과 다르게 '산'은 오랜 세월이 지나도 변함없어요. 봄에는 색색의 꽃이 피고, 여름에는 초록으로 우거지고, 가을에는 단풍으로 화사하고, 겨울에는 흰 눈에 덮이지만, 산은 항상 그대로인 속성이 있어요. 어진 사람[仁者]은 마음이 너그럽고 착하며 도덕적이어서 늘 남들을 배려해요. 그러므로 어진 사람은 산의 속성처럼 듬직하고 마음이 푸르며 성격이 조용한 편이에요. 그래서 공자는 덧붙여 "어진 사람은 고요하다."라고 말했을 거예요. 이어서, "어진 사람은 오래 산다."라는 말도 '산'이 수백 년이 지나도 그대로이듯이, 어진 사람은 소박한 마음이 한결같아서 재산이나 명예에 집착하지 않고, 그래서 그런 맑은 마음만큼 몸도 건강하여 장수한다는 뜻이에요.

그럼, '지혜로운 사람'과 '어진 사람' 중에서 어떤 사람이 인생을 더 뜻깊게 살아가는 사람일까요? 정답은 없거나 둘 다예요. 그 두 사람은 그저 서로 다를 따름이에요. 물은 물대로, 산은 산대로, 자연을 아름답게 이루는 것처럼, 누가 옳고, 누가 그르다고 판단할 일은 아니에요. 다시 그럼, 독자분은 어떤 사람인가요? '지혜로운 사람'에 가까운 사람인가요? 혹은 '어진 사람'에 가까운 사람인가요? 이 세상 사람들은 누구나 태어나 성장해요. 그런데 같은 부모에게 태어난 형제자매도 생김새가 조금씩 다르듯이 기질이나 성격, 그리고 생활 태도도 조금씩 달라요. 식성도 다르고, 관심도 다르고, 양치하는 습관마저 달라요. 이렇듯, 어떤 사람은 활발하게 어울리는 걸 좋아하고, 어떤 사람은 조용하게 어울리는 걸 좋아해요. 어떤 사람은 처음 만난 음식을 주저하지 않고 먹고, 어떤 사람은 낯선 음식은 조심스러워해요. 그래서 지혜로운 사람은 진취적이고, 어진 사람은 안정적이에요. 그러므로 성장기의 학생들은 진학을 계획하고, 훗날 직업을 선택할 때 자신의 기질이나 성격, 그리고 생활 태도를 고려하여 나아갈 길을 계획하면 좋겠어요. 그러기 위해서는 우선, 물을 좋아하는 지혜로운 사람이거나, 산을 좋아하는 어진 사람으로 성장해야겠어요.

서술하기

'사람의 성격'은 생활 환경에 따라 바뀌기도 할까요?
아니면, 태어난 성격 그대로일까요?
가만히 생각하여 공책에 서술하세요.

12
두 스승

세 사람이 함께 길을 가면 거기에는 반드시 나의 스승이 있다.
그중 나보다 나은 사람의 좋은 점을 골라 그것을 따르고,
나보다 못한 사람의 좋지 않은 점을 거울삼아 내 잘못을 고친다.

三人行, 必有我師焉.
삼인행, 필유아사언.

擇其善者而從之,
택기선자이종지,

其不善者而改之.
기불선자이개지.

三 셋 삼 | 人 사람 인 | 行 갈 행 | 必 반드시 필 | 有 있을 유 | 我 나 아 |
師 스승 사 | 焉 어찌 언 | 擇 가릴 택 | 其 그 기 | 善 착할 선 | 者 사람 자
| 而 말 이을 이 | 從 좇을 종 | 之 갈 지 | 不 아닐 불(부) | 改 고칠 개

　사람들은 서로 어울려 살아가요. 주위를 둘러보아요. 집에는 가족이 있고, 학교에는 선생님들과 학생들이 있어요. 학원에는 강사들과 수강생들이 있고, 놀이터에는 신나게 뛰는 어린이들이 있어요. 식당에는 종업원과 손님들이 있고, 시장에는 상인들과 행인들이 상품과 돈을 주고받고 있어요. 또 건널목에서 신호등을 바라보는 사람들, 정류장에서 버스를 기다리는 사람들도 잠시 함께 있어요. 그리고 그들은 제각각 달라요. 생김새도 다르고, 옷차림도 다르고, 언행도 달라요. 언행(言行)은 '말과 행동을 아우르는 뜻'인 만큼 '사람의 인성'을 나타내요. 인성(人性)은 '사람의 됨됨이'를 뜻해요. 그러므로 누군가의 언행에는 그의 됨됨이가 남겨 있어요.

앞서 예로 든, 가족, 선생님, 학생, 강사, 수강생, 어린이, 종업원, 손님, 상인, 행인, 승객에게도 각자의 인성이 언행에 나타나 있어요. 부지런한 아빠, 쾌활한 엄마, 욕심쟁이 남매, 자상한 선생님, 말썽꾸러기 학생, 친절한 강사, 성실한 수강생, 개구쟁이 어린이, 인사 잘하는 종업원, 소란스러운 손님, 인심 좋은 상인, 깍쟁이 행인, 배려하는 승객 등등 사람들의 언행을 보고 들으면 그들 각각의 됨됨이를 짐작할 수 있어요. 물론, 누군가의 언행을 잠깐 보고 듣는 것만으로는 그 사람을 쉽게 평가할 수 없지만, 함박눈을 맞으며 걸으면 겉옷에 물기가 스미듯이, 인성은 잠깐의 언행에도 드러나기 마련이에요. 예컨대, 말끝마다 욕설하는 사람의 언행은 습관일 가능성이 클 거예요. 그런 사람이 말하는 것을 들으면 마음이 어떤가요? 편안한가요? 그 욕설이 '나'를 향하지 않아도 불편한 마음이 들 거예요. 그런 언행이 옳지 않다는 것을 내 마음이 알고 있기 때문이에요. 반면에, 아파트 승강기에 함께 오른 이웃을 배려하는 사람도 있어요. 이웃이 양손에 짐을 들고 승강기에 오르면, "안녕하세요. 몇 층 가세요?" 하며 승강기 버튼을 대신 눌러 주는 배려가 그것이에요. 그런 사람의 언행을 보고 들으면 마음이 어떤가요? 남의 일에 간섭한다는 생각이 들어 마음에 거슬리나요? '저 이웃은 친절한 사람이구나.' 하는 생각이 들지 않나요?

공자가 말한 "세 사람이 함께 길을 가면"의 뜻은 실제로 세 사람이 '길'을 함께 간다기보다, '인생을 살면서 만나는 여러 사람'을 일컫는 말이에요. 그 '여러 사람'은 앞의 예처럼, '익숙한 주변 사람'이기도 할 것이며, 어떤 일로 만나야 하는 '새로운 사람'이기도 할 것이며, 여행지에서 우연히 만난 '뜻밖의 사람'이기도 할 것이에요. 그런데, 그 여러 사람 중에는 훌륭한 인성을 갖춘 사람도 있고, 나쁜 인성이 몸과 마음에 밴 사람도 있어요. 사람들은 환경과 생각과 습관에 따라 살아가니까요. 그래서 공자가 말했어요. "세 사람이 함께 길을 가면 거기에는 반드시 나의 스승이 있다. 그중 나보다 나은 사람의 좋은 점을 골라 그것을 따르고, 나보다 못한 사람의 좋지 않은 점을 거울삼아 내 잘못을 고친다."라고 말이에요. 그러니, 나보다 나은 사람은 물론이고, 나보다 못한 사람도 내게는 스승인 셈이에요. 그들의 좋거나 나쁜 언행이 '내 마음의 거울'에 비치니까요. 그러려면 그 거울을 가만히 볼 수 있는 '내 마음의 눈'이 반짝여야겠어요.

서술하기

앞에서 글쓴이는 '사람들은 환경과 생각과 습관에 따라 살아간다.'라고 썼어요. 그 말뜻은 무엇일까요?
가만히 생각하여 공책에 서술하세요.

13
지혜로운 사람, 어진 사람, 용감한 사람

지혜로운 사람은 유혹에 흔들리지 않고
어진 사람은 근심하지 않으며
용감한 사람은 두려워하지 않는다.

知者不惑,
지자불혹,

仁者不憂,
인자불우,

勇者不懼.
용자불구.

知 알 지 | 者 사람 자 | 不 아닐 불(부) | 惑 미혹할 혹 | 仁 어질 인 |
憂 근심 우 | 勇 날랠 용 | 懼 두려워할 구

　우리의 마음은 이따금 어떤 '꾐'에 흔들리곤 해요. 뜻밖에 생긴 일들이 우리 마음을 흔들어 놓는 거예요. 꾐은 우리 마음의 안팎에서 생겨나요. 예컨대, 학원에 가던 중 우연히 만난 친구가 신형 게임기를 내보이며 한 게임만 해 보겠냐고 하는 말은 내 마음 바깥에서 일어난 '꾐'이에요. 반면에, 방과 후 아무도 없는 운동장에서 주운 오만 원짜리 지폐를 슬쩍 내 호주머니에 넣고 싶은 마음은 내 마음속에서 생겨난 '꾐'이에요. 그런데 그 꾐들은 둘 다 내 마음을 흔들어요. 나도 모르게 내 마음이 꾐으로 끌리는 까닭이에요.

　그런가 하면, 우리의 마음은 이따금 어떤 '근심'에 빠

지곤 해요('근심'은 '걱정'과 비슷한말이에요). 우리를 둘러싼 일들이 때때로 우리 마음속에 파고든 거예요. <mark>근심은 우리의 마음속에서 생겨나요.</mark> 예컨대 소풍 가기 전날에, 이튿날 낮부터 비가 내릴 가능성이 있다는 일기 예보를 보고는 기대하던 보물찾기를 망칠까 봐 걱정하는 일이 그래요. 또는, 전날 가족이 함께 먹고 남긴 피자 한 조각을 내가 귀가하기 전에 동생이 먼저 먹어 버릴까 봐 하굣길에서 걱정하는 일도 그래요. 그런 일이 실제로 일어날지 안 일어날지 알 수 없지만, 나도 모르게 내 마음이 자꾸만 걱정하는 거예요.

우리의 마음은 이따금 어떤 '두려움'에 휩싸이곤 해요. 때때로 우리를 둘러싼 일들이 우리 마음을 꽁꽁 묶어 놓는 거예요. 근심과 마찬가지로, <mark>두려움도 우리 마음속에서 생겨나요.</mark> 예컨대, 두발자전거를 처음 배우는 날, 아빠가 내 등 뒤에서 자전거를 붙잡아 주시고 있는데도, 달리는 자전거가 넘어져 내 몸이 땅바닥에 내동댕이쳐질까

봐 두려워하는 일이 그래요. 또는, 체육 시간에 피구할 때 상대편이 던진 피구 공이 내 얼굴을 맞힐까 봐 두려워하는 일도 그래요. 두려움은 걱정과 마찬가지로, 그런 일이 실제로 일어날지 안 일어날지 알 수 없지만, 나도 모르게 내 마음이 자꾸만 두려워하는 거예요.

이처럼, 우리는 때때로 '유혹, 근심, 두려움'에 사로잡혀요. 우리 마음이, 때때로 달콤하지만 옳지 않은 유혹에 약하고, 다가올 일을 알 수 없음에도 근심을 떨치지 못하고, 잘 맞서면 이겨 낼 일임에도 자꾸 두려움을 품고 있기 때문이에요. 이 말은 거꾸로, ==달콤한 유혹을 마주해도 그것이 옳지 않음을 알아차리면 마음이 흔들리지 않고, 다가올 일이 어찌 될지 알 수 없음을 알아차리면 마음이 근심하지 않고, 잘 맞서면 이겨 낼 수 있는 일임을 알아차리면 마음이 두려워하지 않는다는== 의미이기도 해요. 그럴 수 있는 사람은 어떤 사람일까요? 이 물음에 대답하듯 공자는 말해요. "지혜로운 사람은 유혹에 흔들리지 않고, 어진 사람은 근심하지 않으며, 용감한 사람은 두려워하지 않는다."라고 말이에요. 지혜로운 사람은 옳고 그름을 판단하는 분별력이 있어서 유혹을 뿌리칠 줄 알아요. 어진 사람은 마음이 넓고 여유로워서 근심에 갇히지 않아요. 용감한 사람은 적극적이고 용기가 있어서 두려움이 생기지 않아요. 그러고 보면, 수천 년 전이나 오늘날이나 사람의 마음은 다르지 않아요.

서술하기

'근심'과 '두려움'은 서로 다른 점도 있고, 같은 점도 있어요. 그 차이점과 공통점을 가만히 생각하여 공책에 서술하세요.

14
지나치지 않음과 벗어나지 않음

공손함이 지나쳐 예도를 벗어나면 고단해지고,
신중함이 지나쳐 예도를 벗어나면 두려워지며,
용맹함이 지나쳐 예도를 벗어나면 난폭해지고,
강직함이 지나쳐 예도를 벗어나면 야박해진다.

恭而無禮則勞,
공이무례즉로,

愼而無禮則葸,
신이무례즉사,

勇而無禮則亂,
용이무례즉란,

直而無禮則絞.
직이무례즉교.

恭 공손할 공 | 而 말 이을 이 | 無 없을 무 | 禮 예도 예(례) | 則 곧 즉, 법칙 칙 | 勞 일할 노(로) | 愼 삼갈 신 | 葸 두려워할 사 | 勇 날랠 용 | 亂 어지러울 란(난) | 直 곧을 직 | 絞 목맬 교

　공자는 인(仁)과 예(禮)를 자주 강조했어요. 인(仁)은 '마음이 너그럽고 착하며 슬기롭고 도덕적인 행동'을 뜻해요. 그래서 인자(仁慈)한 사람은 마음이 어질고 남에게 사랑을 베풀어요. 그럼, 예(禮)란 무엇일까요? 한마디로 말하기 쉽지 않은 예(禮)는 예도(禮道)를 뜻해요. 그래서 예(禮)는 '예의와 법도를 아울러 일컫는 말'이에요. 그중 예의(禮儀)는 '상대방을 위하는 마음을 나타내는 말투나 몸가짐'이에요. 그리고 법도(法道)는 '법률과 도덕을 지켜야 할 바른길'이에요. 그러므로, 예(禮)는 '상대방을 위하는 언행, 그리고 법과 도덕을 지키는 바른 행동'이라고 말할 수 있어요. 그러니 인(仁)과 예(禮)를 갖추어 살기는 쉽지 않아요. 그래서 공자는 이 두 가지의 소중함을 자주 강조한 거예요.

그러한 예(禮)에는, 즉 ==예의와 법도를 뜻하는 '예도'에는 어느 한쪽으로 치우치지 않는 성격이 있어요.== 이를테면, 예도는 음식으로 치면 짜지도 싱겁지도 않은 적당한 맛이에요. 마치 아이들이 놀이터에서 앉아 노는 시소가 한쪽으로 쏠리지 않는 균형처럼 말이에요. 또는, 창공에 떠 있는 방패연이 빙글빙글 돌며 떨어지지 않고 바람에 맞서서 중심을 잡고 있는 것처럼 말이에요. 두발자전거가 넘어지지 않고 잘 굴러가는 것처럼 말이에요. 그러한 '예도'는 마치 외줄을 밟고 걷는 곡예사처럼 인생이라는 길에서 중심을 잡아 주는 소중한 가치예요.

우리는 흔히 '공손함, 신중함, 용맹함, 강직함' 등의 생활 태도를 바람직하게 생각해요. 공손함은 언행이 겸손한 것이고, 신중함은 언행을 조심하는 것이고, 용맹함은 언행이 용감한 것이고, 강직함은 언행이 곧은 것이므로 우리는 그런 태도로 살아가는 사람을 칭찬해요. 그런데, 공자는 그러한 사람임에도 그 정도가 지나쳐 '예도를 벗어나면' 문제가 생긴다고 말해요. 즉, "공손함이 지나쳐 예도를 벗어나면 고단해지고, 신중함이 지나쳐 예도를 벗어나면 두려워지며, 용맹함이 지나쳐 예도를 벗어나면 난폭해지고, 강직함이 지나쳐 예도를 벗어나면 야박해진다."라고 공자는 지적해요.

왜 공손함이 지나치면 고단해질까요? 예컨대, 어떤 종업원이 손님에게 공손히 한 번 인사하면 적당할 것을 두 번, 세 번 거듭해 인사해요. 그러면 그의 몸과 마음은 고단해질 거예요. 왜 신중함이 지나치면 두려워질까요? 누군가가 산을 오르내릴 때마다 지나치게 조심해요. 그러면 나중에 그는 산행이 두려워질 거예요. 왜 용맹함이 지나치면 난폭해질까요? 우리는 오토바이를 잘 타는 사람이 겁 없이 폭주하는 장면을 종종 목격해요. 왜 강직함이 지나치면 야박해질까요? (야박하다는 말은 '자기만 생각하고 남의 사정을 돌볼 마음이 없음'을 뜻해요) 예컨대, 강직한 스포츠 지도자가 훈련 효과를 높이려다가 선수들을 다치게 하는 경우가 그것이에요. 그래서 ==바람직한 생활 태도일지라도, 예도를 벗어나 지나치면 나쁜 결과를 낳아요.== 그런 만큼 '예도'는 우리 삶의 중요한 기준이에요. '삶'이라는 외줄 위에서 몸의 중심을 잡아 주는 '예도'는 남들을 위하고 자신을 다스리되, 법과 도덕에 맞게끔 적절히 행동함으로써 한쪽으로 치우치지 않게 해 주는 곡예사의 꽃부채와 같아요.

서술하기

어떤 행동이 '예도를 벗어났는지, 벗어나지 않았는지'를 어떻게 분별할 수 있을까요?
가만히 생각하여 공책에 서술하세요.

15
선비의 마음과 태도

선비로서 도에 뜻을 두었음에도
나쁜 옷과 나쁜 음식을 부끄럽게 여기는 사람은
함께 토론할 자격이 없다.

士志於道,
사지어도,

而恥惡衣惡食者,
이치악의악식자,

未足與議也.
미족여의야.

士 선비 사 | 志 뜻 지 | 於 어조사 어 | 道 길 도 | 而 말이을 이 | 恥 부끄러울 치 | 惡 악할 악, 미워할 오 | 衣 옷 의 | 食 밥 식 | 者 사람 자 | 未 아닐 미 | 足 발 족 | 與 줄 여 | 議 의논할 의 | 也 어조사 야

　선비, 하면 어떤 모습이 떠오르나요? 수염을 단정히 기른 성인 남자가 흰옷을 입고, 갓을 쓰거나 상투 튼 채 반듯이 앉아서 옛 책을 읽는 모습이 떠오르나요? 그래요, 그럴듯해요. '선비'는 '전통 사회에서 학문을 닦는 사람'을 이르니까요. 그런데 '선비'의 본뜻은 그보다 더 분명해요. 즉, 선비[士]는 '학식이 있고, 언행이 바르며, 의리와 원칙을 지키고, 관직과 재물을 탐내지 않는 고결한 인품을 지닌 인물'이에요. 그래서 대표적 동양화인 사군자(四君子), 즉 매화, 난초, 국화, 대나무 그림을 선비의 인품에 비유하곤 해요. 사군자는 고결함과 올곧음을 상징하니까요. 그래서 선비는 군자(君子)와 비슷해요.

그런 '선비'를 흔히 '관직과 재물을 탐내지 않고 학문에만 몰두하는 사람'으로 여겨요. 그래서 선비는 책을 읽으며 세상의 이치를 깨닫고, 자신의 인품을 바르게 닦는 사람이기에 그의 '삶의 길'은 한 방향이에요. 그 '길'은 도(道)예요. 이 한자는 말 그대로 길 도(道)인데, 도(道)의 철학적 의미는 '마땅히 지켜야 할 도리'예요. 도리(道理)는 '사람으로서 마땅히 행해야 할 바른길'이에요. 그러므로 선비에게 도(道)는 학문을 공부하는 일이고, 언행을 바르게 하는 일이며, 의리와 원칙을 지키는 일이고, 관직과 재물을 탐내지 않는 일이에요. 따라서, '선비의 길'을 가는 사람은 당연히 도(道)에 뜻을 품어요. 이때의 뜻은 '의미'가 아니라, '의지'를 일컬어요. 다시 말하면, 이때의 뜻은 '무엇을 하겠다는 다짐'이에요.

그러므로 도(道)에 뜻을 품은 선비의 도리는 '권력과 재물을 탐내지 않는 것'이에요. 하지만 그 뜻(다짐)을 마음에 간직하는 것은 쉽지 않은 일이에요. 권력과 재물은 사람들이 꽤 탐내는 것이니까요. 그중에 '의식주'는 가장 기본이 되어요. 즉, '좋은 옷, 좋은 음식, 좋은 집'은 사람들이 먼저 탐내는 대상이에요. 그 욕심을 잘 알고 있는 공자는 말했어요. "선비로서 도에 뜻을 두었음에도 나쁜 옷과 나쁜 음식을 부끄럽게 여기는 사람은 함께 토론할 자격이 없다."라고 말이에요. 이 말은 옷과 음식에 마음을 쏟는 선비는 선비로 인정할 수 없다는 의미이며, 그래서 그런 선비와는 함께 토론할 가치가 없다는 단정이에요. 어찌 생각하면 매정하게 들리는 말이에요. 그러나 승려가 술과 고기를 먹지 않는 것이 불교의 도리이고, 신부(神父)나 수녀가 혼인하지 않는 것이 가톨릭교의 도리이니, 그다지 야박한 말은 아니에요. 선비가 선비의 도리를 지키지 않을 것이면, 다른 삶을 선택해야 마땅할 테니까요.

오늘날도 마찬가지예요. 권력과 재물에 관심이 많은 사람은 교사나 교수, 학자나 예술가, 그리고 나랏일을 하는 공직의 길을 선택하면 안 되어요(공직은 '국가 기관이나 공공 단체의 일을 맡아보는 직책이나 직무'를 뜻하는 말이에요). 그분들의 일은 정직한 활동의 성과와 보람에 맞닿아 있기 때문이에요. 그분들이 권력과 재물을 좇으면 자신의 사회적 책임을 잘해 낼 수 없어요. 그러니 그 도리를 지키지 않을 사람은 다른 직업을 선택해야 해요. 예컨대, 이윤을 추구하는 사업가가 되어 그 방면에서 이름을 날리고, 재산도 쌓는 길을 찾는 거예요. 대나무는 곧게 자라야 마땅하고, 부초는 물 위를 떠다녀야 마땅해요.

서술하기

'선비가 공부하는 목적'과 '학생이 공부하는 목적'은 같을까요, 다를까요?
가만히 생각하여 공책에 서술하세요.

16
정직함을 알아보는 친구

덕은 외롭지 않다.
반드시 이웃이 있다.

德不孤
덕불고

必有隣.
필유린.

德 큰 덕 | 不 아닐 불(부) | 孤 외로울 고 | 必 반드시 필 | 有 있을 유 |
隣 이웃 린(인)

　덕(德)도 공자가 강조한 말이에요. 인(仁)과 예(禮)만큼 덕(德)도 사람에게 소중한 가치이기 때문이에요. 인(仁)과 예(禮)에 대해서는 앞선 장에서 얘기했어요. 그럼, 덕(德)이란 무엇일까요? 德(덕)은 한자에 그 뜻이 잘 나타나 있어요. 德(덕)의 본디 글자는 悳(덕)이에요. 옛날에는 오늘날에 주로 쓰는 德(덕)을 悳(덕)이라고 썼어요. 그 '悳'을 살펴보세요. 그 글자는 直(곧을 직)과 心(마음 심)이 위아래로 붙어 있어요. 그래서 그대로 그 뜻을 풀이하면 '곧은[直] 마음[心]'이에요. 그 뜻에, 오늘날에 쓰는 德(덕)의 부수인 彳(조금 걸을 척)을 보태면, 그 전체의 뜻은 '곧은[直] 마음[心]으로 살아가다[彳]'예요. 彳(조금 걸을 척)은 '(길을) 걷는다.'라는 의미를 담고 있고, 그 의미는 '(인생을) 살아감'이라고 비유할 수 있으니까요. 그럼, 국어사전에 나오는 덕(德)의 낱말 뜻은 무엇일까요?『표준국어대사전』에는 조금 어렵게 풀이하고 있어요. 그래서 그 뜻풀이를 쉽게 정리하면 덕(德)은 네 가지 뜻으로 쓰여요. 첫째는 '도덕을 실천하는 능력'이에요. 둘째는 '공정하게 남을 이해하는 태도'예요. 셋째는 '베풀어 주는 도움'이에요. 넷째는 '착한 일을 한 업적'이에요. 이렇게 덕(德)을 여러 뜻으로 풀이한 것은 그만큼 사람들이 덕(德)이라는 말을 다양한 상황에서 사용한 까닭이에요. 하지만, 이 뜻들을 살펴보면 앞서 한자로 풀이한 뜻과 모두 관련 있어요. '도덕성, 공정함, 이해심, 베풂, 선행'은 모두 '정직한 마음의 행동'에서 비롯되니까요. 그래서 덕(德)을 실천하는 사람은 군자(君子)처럼 인품이 고결해요.

그런데 고결한 사람은 언행이 반듯하여 빈틈이 없어요. 자연에 비유하자면, 미세 먼지가 거의 없는 청명한

하늘이나, 밑바닥이 투명하게 보이는 맑은 호수 같아요. 그래서 '물이 너무 맑으면 물고기가 안 모인다.'라는 속담처럼, 덕을 실천하는 사람의 언행은 반듯하고 선명해서 오히려 주변 사람들은 그를 조심스레 대하기 마련이에요. 덕을 실천하는 사람은 이해심도 많고, 남에게 베풀고, 선행도 많이 하지만, 곧은 마음으로 행동하므로 도덕적이고 공정하여 옳고 그름을 잘 가려내요. 그래서 사람들은 자신이 그 잣대와 저울의 대상이 되는 것을 불편해하는 거예요. '덕'의 눈금이 사람들을 조심스럽게 만드는 거예요. 그러므로 모순되게도, 덕을 실천하는 사람은 외로워요. 그런데 그 점을 모를 리 없는 공자는 왜 "덕(德)은 외롭지 않다. 반드시 이웃이 있다."라고 말했을까요? 그 말은, ==세상에는 많지는 않더라도 덕을 실천하는 사람이 있어서, 덕을 실천하는 사람끼리는 서로 친구가 된다는 뜻이에요.== 그런 친구가 멀지 않은 곳에 있으면 '이웃'이에요. 그 이웃은 '친구의 삶의 태도를 알아주는 사람'이에요.

전라북도 무주군 같은 청정 지역에는 반딧불이가 살아요. 반딧불이는 깜깜한 밤하늘에 빛나는 별들처럼 어둠 속에서 제 몸으로 빛을 내요. 별들은 우주에서 띄엄띄엄 빛나고, 반딧불이도 숲에서 드문드문 빛을 내지만, 별과 반딧불이는 혼자가 아니에요. 옆에서 함께 빛을 내는 친구와 이웃이 있어요. 덕(德)도 그래요. 그래서 외롭지 않아요.

서술하기

친구가 많으면 좋을까요? 혹은 친한 친구 몇몇만 있으면 좋을까요? 이 물음을 포함하여 '바람직한 친구 관계'에 대한 자기 생각을 공책에 서술하세요.

17
대화해야 할 때와 안 해야 할 때

대화해야 할 때 말하지 않는 것은 사람을 잃는 것이고,
대화하지 않아야 할 때 말하는 것은 말을 잃는 것이다.
지혜로운 사람은 사람도 잃지 않고 말도 잃지 않는다.

可與言而不與之言, 失人,
가여언이불여지언, 실인,

不可與言而與之言, 失言.
불가여언이여지언, 실언.

知者, 不失人, 亦不失言.
지자, 불실인, 역불실언.

可 옳을 가 | 與 더불 여 | 言 말씀 언 | 而 말 이을 이 | 不 아닐 불(부) | 之 갈 지 | 失 잃을 실 | 人 사람 인 | 可 옳을 가 | 知 알 지 | 者 사람 자 | 亦 또 역

　사람은 왜 '말'을 하게 되었을까요? 아주 오래전 사람들이 지능이 발달하자 자세한 의사소통이 필요했어요. 상상해 볼까요? 아주 오래전에 누군가가 먼 산을 넘어갔다가 돌아왔어요. 그는 함께 사는 사람들에게 그곳을 알리고 싶었어요. '그 산 너머에는 큰 호수가 있다.'라는 사실을요. 그래서 그는 '산'과 '호수'를 구분하여 각각의 소리를 냈어요. 그리고 당장은 그러지 못했지만, '그 호수는 깨끗하다.' '그곳엔 물고기가 많다.' '그 근처에는 비바람을 피하기 좋은 큰 동굴도 있다.'라는 정보도 말소리로 알리고 싶었어요. 그런 필요로 훗날에는 어휘가 더 늘어났어요. 그렇게 '대화'가 시작되었어요. 그의 말을 들은 사람들은, '그래? 그럼 그곳으로 터전을 옮기자!'라고 대꾸하고 싶었을 테니까요. 그렇게 오랜 시간이 흐르며 인류는 세계 곳곳에서 여러 언어를 발달시켰어요.

대화는 **사람끼리 자기 생각과 느낌을 말로써 소통하는 활동**이에요. 그래서 언젠가부터 인류는 "얘야, 밥 차려 놓았다." "오호! 맛있어 보여요."처럼 간단한 표현부터, "[……] 사실은 이런 일이 있었어." "그렇구나, 네게 그런 일이 있는 줄 몰랐어. 내가 조금 도울 수 있을 것 같아. 들어 볼래?"처럼 진지한 이야기도 서로 나눌 수 있게 되었어요. 이처럼, 사람들은 대화를 통하여 분명하게 의사소통을 할 수 있게 되었고, 그래서 사람들은 서로의 마음도 주고받을 수 있게 되었어요. 그런가 하면, 어떤 대화는 다툼의 불씨가 되었어요. 누군가가 말로써 대화 상대를 무시하거나 위협하면 상대도 가만있지 않은 거예요. 그런 대화는 종종 증오로 확대되어 폭력으로까지 이어졌어요. 부족과 부족끼리 전쟁도 일어났어요. 집안과 집안끼리는 원수지간이 되었어요. 개인과 개인은 서로의 마음에 상처를 주었어요.

　그래서 때때로 대화는 약이 되기도 하고, 독이 되기도 하고, 수증기가 되기도 해요. 약이 되는 대화는 도움을 주는 말이에요. 예컨대, 친구가 고민에 빠졌을 때, 친구에게는 자신의 힘든 마음을 이해해 줄 대화가 필요해요. 그런데도, 친구와 대화하지 않으면 친구끼리는 멀어지기 마련이에요. 독이 되는 대화는 피해를 주는 말이에요. 예컨대, 한 학생이 어떤 학생을 왕따시키자고 친구들에게 부추겼어요. 그 말에 따라 몇몇이 어울려 실행한다면, 그 일은 왕따 당하는 학생에게 큰 피해를 주어요. 수증기가 되는 대화는 소용없는 말이에요. 예컨대, 종교 신념이 지나쳐 길거리에서 피켓을 들고 남들을 설득하려는 사람이 있어요. 그런 그에게 누군가가 "사람에게는 신앙의 자유가 있으니 강요하지 마시라." 하며 훈계한다면 그가 순순히 받아들일까요? 그런 대화는 시간만 낭비할 따름이에요. 의사소통이 전혀 이루어지지 않을 테니까요. 그래서 공자는 말했어요. "대화해야 할 때 말하지 않는 것은 사람을 잃는 것이고, 대화하지 않아야 할 때 말하는 것은 말을 잃는 것이다. 지혜로운 사람은 사람도 잃지 않고 말도 잃지 않는다."라고 말이에요. 그러니, 친구도 잃지 않고, 말도 낭비하지 않으려면, 대화를 해야 할 때와 하지 않아야 할 때를 잘 알아차려야겠어요. 특히, '독'이 되는 대화는 서로의 인생을 바꾸어 버릴 만큼 위험한 말이에요.

서술하기

때로는 '대화하기 어려운 경우'도 있어요.
경험을 떠올리고 가만히 생각하여
'그런 경우와 그 까닭'을 공책에 서술하세요.

18
근심이 생기는 까닭

사람이 멀리 생각하지 못하면,
반드시 근심이 가까이 있다.

人無遠慮,
인무원려,

必有近憂.
필유근우.

人 사람 인 | 無 없을 무 | 遠 멀 원 | 慮 생각할 려(여) | 必 반드시 필 |
有 있을 유 | 近 가까울 근 | 憂 근심 우

　등산을 즐기는 사람들은 건강을 위하고 산이 좋아서 산을 찾아가요. 산에는 신선한 바람이 불고, 계절마다 새 옷으로 갈아입는 숲은 아름다우니까요. 산꼭대기까지 오르면 성취감도 느낄 수 있어요. 정상에서 바라보는 풍경은 마음마저 탁 트여 주어요. 또한, 그만그만한 주변 산들이 한눈에 들어올 만큼 주변 세상이 훤히 내려다보여요. 그것은 산 아래에서는 볼 수 없는 풍경이에요. '높이 나는 새가 멀리 본다.'라는 격언이 있듯이, 먼 곳까지 바라보려면 되도록 높은 위치에 있어야 해요. 원격 조종 비행체인 드론(drone)에 카메라를 설치한 까닭도 지상을 폭넓게 촬영하기 위함이에요. 그래서 이미 텔레비전 방송은 물론이고, 개인이 만든 동영상에서도 드론의 카메라는 세상을 폭넓게 보여주어요. 숲이든, 강이든, 바다이든, 유적지이든 풍경을 넓게 보면 세상을 전체적으로 볼 수 있어서 새롭게 느껴져요.

눈으로 보는 세상이 그렇듯이, 매일 우리가 생각하는 세상도 마찬가지예요. 이렇게 말하면, 누군가가 이렇게 물을 수도 있겠어요. "그렇다면, 생각에도 높이와 넓이가 있다고요?" 그래요, '입체 도형'에는 높이와 넓이가 있듯이, '생각'에도 높이와 넓이가 있어요. 다만, 흔히 '생각의 높이'를 말할 때는 사람들은 그것을 '생각의 깊이'라고 표현해요. 예컨대, '생각을 깊게 한다.' '깊은 생각에 잠겼다.'라는 표현들이 그것이에요. 그 뜻은 '곰곰이 생각한다.'라고 말할 수 있겠어요. 그리고, '생각의 넓이'는 자주 쓰는 말은 아니지만, 사람들은 '생각을 넓게 한다.'라는 말을 써요. 그 뜻은 '여러 경우를 생각한다.'라고 말할 수 있겠어요. 그래서 어떤 아이는 부모에게 "너는 왜 그렇게 생각이 좁니?"라는 걱정을 듣곤 해요. 생각의 폭이 작으면 여러 경우나 어떤 일을 두루 생각하지 못해요. 그래서 "우물 안의 개구리"라는 속담도 생겨났어요. 우물 속에서 태어나 우물 속에서만 살아가는 개구리는 '우물이 세상의 전부'라고 느낄 테니까요.

문제는, 생각을 넓게 하지 못해서 어떤 일의 여러 형편이나 가능성을 두루 생각하지 못하면, 생각이 좁아져서 사소한 일에 집착하게 된다는 것이에요. 집착(執着)은 한자로 잡을 집(執), 붙을 착(着)이에요. 말 그대로 그 뜻은 '어떤 것에 마음이 달라붙음'이에요. 그래서 그 뜻은 '몰입'과는 구별되어요. 한자로 가라앉을 몰(沒), 들어갈 입(入)인 몰입(沒入)은 '깊은 생각에 잠김'을 뜻해요. 즉, '몰입'은 무언가를 골똘히 생각하는 것이에요. 반면에, '집착'은 마치 겨울인데도 여전히 나뭇가지에 붙어 있는 마른 잎처럼 사소하고 소용없는 일에 매달린 상태와 같아요. 그런 '집착'을 '대범하지 못하여 생긴 근심'이라고 말할 수 있을 거예요.('대범하다'라는 말은 '사소한 것에 얽매이지 않는다.'라는 뜻이에요). 대범하지 못하여 생긴 근심은 이치를 따지며 멀리까지 생각하지 못해서 생긴 마음의 웅덩이 같아요. 그 웅덩이는 없어야 좋을, 스스로 파 놓은 근심이에요. 공자가 "사람이 멀리 생각하지 못하면, 반드시 근심이 가까이 있다."라고 말한 것을 보면, 먼 옛날 사람들도 그랬나 봐요. 진리에 가까운 말은 오랜 시간이 흘러도 변하지 않는, 단단한 보석과 같아요.

서 술 하 기

'사소한 근심'을 자기 마음에서 떼어놓으려면 어떻게 하면 좋을까요?
책을 찾아보거나 곰곰이 생각하여 공책에 서술하세요.

19
사람들이 싫어하는 것과 좋아하는 것

많은 사람이 싫어하는 것은 반드시 살펴보아야 한다.
많은 사람이 좋아하는 것도 반드시 살펴보아야 한다.

衆惡之 必察焉.
중오지 필찰언.
衆好之 必察焉.
중호지 필찰언.

衆 무리 중 | 惡 악할 악, 미워할 오 | 必 반드시 필 | 察 살필 찰 | 焉 어찌 언 | 好 좋을 호

　사람들은 무엇을 싫어하고, 무엇을 좋아할까요? 누군가가 좋아하는 것을 다른 사람은 싫어할 수 있고, 그 반대일 수도 있을 테에요. 그러니 사람들이 싫어하거나 좋아하는 대상이 똑같지는 않아요. 예컨대, 누군가는 수영을 좋아하지만, 깊은 물을 무서워하는 사람도 있어요. 또, 누군가는 마늘을 좋아하지만, 그 맛과 향을 싫어하는 사람도 있어요. 그런데도, 사람들이 대체로 좋아하는 것이 있어요. 이를테면 '꽃, 단맛, 재물, 여가 활동' 등이 그것일 테에요. 반면에 사람들이 대체로 싫어하는 것도 있어요. '쓰레기, 쓴맛, 가난, 지루함' 등이 그것일 테에요. 그러고 보면, 많은 사람이 좋아하는 것에는 공통점이 있어요. 그것은 '예쁜 것, 맛있는 것, 유용한 것, 즐거운 것'

19　사람들이 싫어하는 것과 좋아하는 것

등이에요. 반대로, 많은 사람이 싫어하는 것에도 공통점이 있어요. 그것은 '쓸모없는 것, 맛없는 것, 부족한 것, 외로운 것' 등이에요. 정리해 보면, 많은 사람이 좋아하는 것은 주로 자신에게 이익이 되는 것, 자신을 편안하게 해 주는 것이며, 많은 사람이 싫어하는 것은 주로 자신에게 손해가 되는 것, 자신을 불편하게 하는 것이라고 말할 수 있겠어요.

그런데, 많은 사람이 싫어하는 대상은 그것 자체는 그른 것이 아니에요. 앞서 예로 든 '쓰레기'는 쓰고 버린 물건이며, '쓴맛'은 씀바귀 같은 음식의 속성일 따름이에요. 또 '가난, 지루함'은 생활에 따른 형편일 따름이에요. '가난'은 그릇된 형편이 아니라, 그저 살림 사정이 어려운 상태예요. '지루함'은 즐거움이 없어 따분한 상태예요. 같은 까닭으로, 많은 사람이 좋아하는 대상도 그것 자체가 옳은 것이 아니에요. '꽃'은 식물의 번식 기관이며, '단맛'은 꿀 같은 음식의 속성일 따름이에요. 또, '재물, 여가 활동'은 생활에 필요한 것들일 따름이에요. '재물'은 옳은 것이 아니라, 생활을 편리하게 해 주는 것이며, '여가 활동'은 한가한 시간에 하는 여유로운 생활이에요.

이처럼, '싫어하는 것'과 '그른 것'은 서로 달라요. '좋아하는 것'과 '옳은 것'도 서로 달라요. 그 다름을 틀림으로 혼동하면 때때로 심각한 문제가 생겨요. 예컨대, 오늘날에도 미국 같은 사회에서는 적지 않은 백인이 '유색 인종'을 싫어해요('유색 인종'이란 백인 사회에서 만든 말이며, 백인종을 제외한 모든 인종을 일컬어요). 그들은 유색 인종이 백인이 아니라는 이유로 미워하고 얕잡아 보아요. 피부색이 다른 사람을 열등하게 여기는 것이에요. 그들은 아시아인이나 흑인의 눈에는 자신들도 유색 인종으로 보인다는 사실을 생각하지 않는 거예요. 또, 여전히 세계 곳곳에서 꽤 많은 사람이 밍크코트를 좋아해요. 그들은 밍크코트 한 벌을 만들려면 살아 있는 밍크 약 100마리나 도살되어야 한다는 사실을 모르고 있거나 한 귀로 흘려들어요. 그런 도살은 옳지 않은데도 말이에요. 그런 의미에서, "많은 사람이 싫어하는 것은 반드시 살펴보아야 한다. 많은 사람이 좋아하는 것도 반드시 살펴보아야 한다."라는 공자의 말은 뜻깊어요. 그 속뜻은 '다수의 사람이 싫어하거나 좋아하는 것일지라도, 그 대상이 과연 그른 것인지 옳은 것인지는 깊이 따져보아야 한다.'라는 말일 테에요. 많은 사람이 싫어하는 쓴맛이 몸에는 좋을 수 있고, 많은 사람이 좋아하는 단맛이 건강을 해칠 수 있으니까요.

서술하기

'밍크코트'처럼, 많은 사람이 좋아하는 것이어서 더 심각한 문제가 되는 사례를 찾아보아요. 그리고, 문제가 되는데도 많은 사람이 좋아하는 까닭을 공책에 서술하세요.

20
'계발식 교육법'의 뿌리

배우는 사람이 궁금해하지 않으면 일깨워 주지 않고,
배우는 사람이 표현하려 애쓰지 않으면 일러 주지 않는다.
하나를 알려 주었는데 나머지 셋을 알아차리지 못하면
거듭하여 가르치지 않는다.

不憤不啓,
불분불계,

不悱不發.
불비불발.

擧一隅不以三隅反,
거일우불이삼우반,

則不復也.
즉불부야.

不 아닐 불(부) | 憤 분할 분 | 啓 열 계 | 悱 표현못할 비 | 發 필 발 | 擧 들 거 | 一 하나 일 | 隅 모퉁이 우 | 以 써 이 | 三 셋 삼 | 反 돌이킬 반 | 則 곧 즉, 법칙 칙 | 復 회복할 복, 다시 부 | 也 어조사 야

　공자의 제자는 많았어요. 공자의 가르침을 배우러 찾아온 사람들이 많은 까닭이었어요. 그래서 공자의 제자들은 다양했어요. 공자의 대표적인 제자로는 '안회, 자로, 자공, 증삼' 등이 있었어요. 그중에서 '안회'는 가장 뛰어났다고 알려져 있어요. 공자는 안회를 이렇게 평가했어요. "남들은 누추한 밥 한 그릇과 물 한 바가지만으로 살면 근심을 견디지 못하는데, 안회는 즐거워하니, 어질다, 안회여." 공자의 평가대로 안회는 가난했지만, 학문을 좋아하여 열심히 공부했어요. 그런 안회에 대하여 공자의 다른 제자인 자공은 공자에게 이렇게 말했어요. "안회는 하나를 들으면 열을 알고[聞一以知十], 저는 하나를 들으면 둘을 압니다[聞一以知二]."

자공은 안회의 탁월함이 부러웠을 거예요. 실제로 사람마다 지적 능력에는 차이가 있어요. 예컨대, 박사 학위 논문을 준비하는 연구자 중에서 어떤 사람은 자신이 주목한 주제의 과학적 사실을 알고는 남들이 미처 생각하지 못하는 연구로 발전시켜 그 분야의 연구자들을 놀라게 해요. 그런 연구자에게는 하나를 알면 다른 사실까지 유추해 내는 지적 능력이 있어요. 하지만, 우리나라의 교육 전문가들이 설계한 초등, 중등, 고등 교육 과정은 학생의 '지적 능력'보다는 배움에 임하는 학생의 '노력'에 따라 그 수준에 차이가 나타나게끔 단계화되어 있어요. 그래서 항상 수업에 집중하는 학생은 배운 내용을 정확히 이해해요. 그렇지 않은 학생은 때때로 배운 내용을 잘 이해하지 못해요. 그런가 하면, 어떤 학생은 아예 수업에 관심을 두지 않아요. 그래서 그런 학생은 자신이 어떤 내용을 잘 모르고 있는지조차도 알지 못해요. 그러므로, 초등, 중등, 고등 교육 과정에서는 배움의 마음가짐과 노력의 정도가 학습 능력을 나타내요.

　공자가 말한, "배우는 사람이 궁금해하지 않으면 일깨워 주지 않고, 배우는 사람이 표현하려 애쓰지 않으면 일러 주지 않는다. 하나를 알려 주었는데 나머지 셋을 알아차리지 못하면 거듭하여 가르치지 않는다."라는 문장의 의미도 바로 배움에 대한 마음가짐을 지적하는 것이에요. 배우는 사람이 배움에 대하여 적극적이지 않으면, 가르쳐 주어도 제대로 배우지 못함을 공자는 여러 제자를 가르친 경험에서 알았을 테에요. 불이 나려면 불에 탈 물체, 그 주변의 산소, 불이 일어날 만큼의 열이 있어야 하듯이, 교육이 잘 이루어지려면 물체라는 학생, 산소라는 교육자, 열이라는 배움의 열정이 있어야 해요. 그중 가장 중요한 것이 '배움의 열정', 즉 '앎의 욕구'예요. 산소가 충분해도 불이 날 만큼의 열이 발생해야 불이 일어날 테니까요.

이런 이치에서 싹튼 교육법이 오늘날에도 주목받는 '계발식 교육법'이에요. 즉, 암기를 위주로 가르치는 <mark>주입식 교육법</mark>이 아닌 <mark>계발식 교육법</mark>은 <mark>학생 스스로 생각하여 학습 내용을 이해하고, 문제를 해결하도록 이끌어 주는 교육법</mark>이에요. 그러고 보면, '계발식 교육법'은 이미 2500년 전에 공자가 일깨워 준 말에서 비롯되었다고 생각할 수 있겠어요. 옛날이나 오늘날이나 배움으로 가는 길은 단 하나뿐이에요. 그 길은 배우는 사람이 스스로 궁금해하고, 표현하지 못해 답답해할 때만 나타나는 이정표예요.

서술하기

'배움에 대한 열정'은 어떻게 생겨날까요? 그리고 그 욕구가 생겨나는 과정은 누구에게나 똑같을까요? 자유롭게 생각하여 공책에 서술하세요.

21
군자와 소인

군자는 자신에게서 찾고,
소인은 남에게서 찾는다.

君子求諸己,
군자구저기,
小人求諸人.
소인구저인.

君 임금 군 | 子 아들 자 | 求 구할 구 | 諸 모두 제, 어조사 저 | 己 몸 기 |
小 작을 소 | 人 사람 인

"군자는 자신에게서 찾고, 소인은 남에게서 찾는다."
라는 공자의 말은 조금 이상해요. 왜 이상하게 읽힐까요? 이 문장에는 '목적어'가 빠져 있기 때문이에요. 목적어가 없어서 문장이 완성되어 있지 않으니까요. 목적어란 '한 문장에서 동작의 대상이 되는 말'이에요. 그러므로 '목적어'는 한 문장에서 낱말들의 관계를 이어 주는 '~을(를)'로써 나타나요. 예컨대, '나는 연필을 깎았다.'에서 깎이는(동작) 대상은 '연필'이에요. 또, '동생은 그림책을 보았다.'에서 보이는(동작) 대상은 '그림책'이에요. 그래서 이 두 문장에서 목적어는 '연필을'과 '그림책을'이에요. 이처럼, 완성된 기본 문장은 주어(나는/동생은)와 목적어(연필을/그림책을)와 서술어(깎았다/보았

다)로 구성되어 있어요.

　시작한 말로 돌아가서 얘기하면, 앞의 공자 말에는 '목적어'가 나타나 있지 않아요. 즉, 군자는 자신에게서 '무엇을' 찾는지, 소인은 남에게서 '무엇을' 찾는지가 문장에 나타나 있지 않아요. 공자는 왜 목적어를 '나타내지 않은' 말을 『논어』에 남겼을까요? 그것은, 겉으로는 '드러나 있지 않지만' 사실은 '생략되어 있다.'라고 말하는 게 옳겠어요. 왜냐하면 그 문장의 목적어로 삼을 말들이 한둘이 아니기 때문이에요. 그래서 공자의 그 문장을 해석하는 어떤 학자는 그 생략된 자리에 '잘못을'이라는 목적어를 덧붙여, "군자는 자신에게서 잘못을 찾고, 소인은 남에게서 잘못을 찾는다."라고 풀이해요. 또 다른 학자는 그 생략된 자리에 '원인을'이라는 목적어를 덧붙여, "군자는 자신에게서 원인을 찾고, 소인은 남에게서 원인을 찾는다."라고 풀이해요. 어때요? 둘 다 그럴듯한 해석이지 않나요? 그러므로, '목적어'가 생략된 그 자리에는 이치에 벗어나지 않는 목적어라면 뭐든 넣을 수 있겠어요.

그래서 이를테면, "군자는 자신에게서 자기 희망을 찾고, 소인은 남에게서 자기 희망을 찾는다."라고 말할 수도 있겠어요. 자신에게서 자기 희망을 찾는 사람은 자기 욕구와 자기 의지에 따라 미래를 준비할 거예요. 반면에, 남에게서 자기 희망을 찾는 사람은 스스로는 자기 미래를 준비할 수 없어서 남에게 기대어, 남이 이끄는 대로 따라가는 소극적인 태도로 살아갈 테에요. 그래서, '그릇이 작은 사람'이라는 뜻인 소인(小人)은 자신이 정말 하고 싶은 일이 무엇인지, 어떤 일에서 스스로 보람을 느끼는지를 모르는 채, 그저 세상 사람들이 편하고 좋다고 여기는 일 중에 하나를 선택하여 자신의 직업으로 삼으려고 할 거예요. 물론, 사람들이 흔히 편하고 좋다고 여기는 직업을 선택하여 살아가는 일이 나쁘다거나 문제가 있다는 말은 아니에요. 어떤 직업이든 도덕적이고, 법률에 벗어나지 않는 일이라면 전혀 문제가 없어요. 다만, 어떤 일이든, 어떤 직업이든 그 활동이 자발적인 선택인지, 아닌지가 중요하다는 말이에요. 다시 말하면, 어떤 일이든 그 일이 자기가 진심으로 원해서 하는 것인지, 또 그 일을 함으로써 스스로 보람을 느끼는지가 중요하다는 말이에요. 그러려면, 그 선택과 그 활동의 에너지가 바로 자기 자신에게서 나와야 한다는 말이에요.

그것은 마치, 여행할 때 자신이 가 보고 싶은 곳을 스스로 계획하여 자유롭게 여행하느냐, 아니면 여행사에서 짜 놓은 여행 일정대로 따라다니느냐의 차이와 같을 거예요. 관광이야 때때로 단독으로 자유롭게 할 수도 있고, 단체 관광을 할 수도 있지만, 그 여행이 단 한 번뿐인 '인생'이라면, 누구든 그 선택 앞에서 신중해질 수밖에 없을 거예요. 그 경우에, 즉 '인생'이라는 이름의 여행에서 자유 여행과 단체 여행 중 하나만을 선택할 수밖에 없다면 사람들은 어떤 선택을 할까요? 공자가 말한 앞의 명언에서 생략된 목적어는 그 점을 포함하고 있어요. 그래서 공자의 그 말을 이렇게도 바꿀 수 있을 거예요. '용기 있는 사람은 스스로 정한 자기 인생의 길을 가고, 그렇지 않은 사람은 남에게 기대어 남이 정해 준 인생의 길을 간다.'라고 말이에요.

물론, 스스로 선택한 인생이 남이 정해 준 인생보다 힘들고 여유롭지 않은 생활이 될 수도 있어요(그 반대일 수도 있고요). 하지만, 그 일이 좋아서, 그 일에서 보람을 느낄 수 있어서 스스로 선택한 것이라면, 그 인생은 자신에게도 자부심이 있을 뿐만 아니라, 남들에게도 떳떳한 삶일 거예요. 반면에, 하는 일이 덜 힘들고 생활 형편이 여유로워도 그 일을 그다지 좋아하지도 않고, 그래서 보람도 못 느낀다면, 그 인생은 뿌듯함도 못 느끼고, 그래서 결국에는 허전할 거예요. 그 허전함은 자기 인생에서 '자기 자신의 뿌듯함'이 빠져 있기 때문에 생긴 감정일 거예요. 그래서 공자의 그 명언에서, '찾는다'라는 뜻인

'求(구할 구)'는 '자기 의지와 본인의 간절함'에서 비롯되었을 때 비로소 기쁨을 느끼는 소중한 것이라는 뜻을 담고 있어요.

서술하기

"군자는 자신에게서 찾고, 소인은 남에게서 찾는다."
이 문장에 어떤 '목적어'를 써넣어 보세요. 그러고는 자신이 만든 문장이 이치에 맞는지 생각해 보세요.

22
사람들과 어울리는 태도

군자는 긍지를 가지지만 다투지 않고,
여러 사람과 어울리지만 작당하지 않는다.

君子矜而不爭,
군자긍이부쟁,

群而不黨.
군이부당.

君 임금 군 | 子 아들 자 | 矜 자랑할 긍 | 而 말 이을 이 | 不 아닐 불(부) |
爭 다툴 쟁 | 群 무리 군 | 黨 무리 당

"군자는 긍지를 가지지만 다투지 않고, 여러 사람과 어울리지만 작당하지 않는다."라는 공자의 말을 풀어 얘기하려면, 먼저 '군자'가 어떤 사람인지를 생각해 보아야겠어요. 이 책의 첫 장에서 말했듯이, 군자는 '공정한 생각과 너그러운 마음으로 점잖게 행동하면서 공부도 깊게 한 사람'이에요. 다시 말하면, 군자는 어떤 일에 대하여 공정하게 생각할 줄 아는 사람이에요. 공평하고 올바르게 생각할 줄 안다는 말이에요. 공자는 생각이 바르고 공부도 깊게 하였기에 어떤 일이 이치에 맞는지 안 맞는지를 잘 판단할 수 있다는 말이에요.

또한 군자는 마음이 너그럽고, 점잖게 행동하는 사람

이에요. 그래서 군자 같은 사람은 많지 않아요. 공정하게 생각하는 사람들은 어떤 일에 대하여 옳고 그름을 잘 판단할 수 있어서 누군가의 잘못을 발견하면 그 문제에 대해 너그러워지기가 쉽지 않기 때문이에요. 대개는 이치에 맞지 않은 점을 지적하고 싶은 마음이 생길 테니까요. 그래서 실제로 잘못된 점을 지적하면, 지적받는 상대가 수긍할 수도 있을 거예요. 반면에, 지적을 무시하는 상대도 있을 테고, 심지어 목소리를 높여 이치에 맞지 않는 변명을 늘어놓는 상대도 있을 거예요. 이 세상에는 생각과 마음이 비뚤어진 사람도 있으니까요. 그래서 자칫하면 말다툼의 진흙탕 속으로 끌려 들어갈 수도 있어요. 그것은 좋은 결과가 아니에요. 그래서 공자는 "군자는 긍지를 가지지만 다투지 않고"라고 말한 거예요. 긍지는 '자신을 믿는 당당함'이에요. 다툼은 싸움이고, 싸움은 한쪽이 굴복하더라도 대립만 남을 뿐이에요. 그래서 군자는 긍지를 가지고 대화는 해도, 다투지는 않아요.

또한, 군자는 여러 사람과 더불어 어울리는 사람이에요. 군자도 사회 구성원이니까요. 군자도 남들과 사회적 관계를 맺고 살아가면서 남들에게 도움을 받기도 하고, 남들을 돕기도 해요. 그런데, 사람들은 때때로 사회적 관계를 넘어서 어떤 무리를 이루어요. 학교에서 몇몇 친구끼리만 어울리거나, 지역이나 직장에서도 몇몇 친한 사람끼리만 어울리곤 해요. 그런 활동을 '작당'이라고 해요. 한자로는 지을 작(作), 무리 당(黨)인 작당(作黨)의 뜻은 말 그대로, '무리를 이룸'이에요. 그리고 무리를 이루는 데는 목적이 있기 마련이에요. 그것이 마음의 즐거움이든, 집단 안에서의 세력이든, 경제적 이익이든, 비밀스러운 정보의 귓속말이든 말이에요. 그런 점에서 작당은 무리에 속한 사람들에게는 이로울 거예요. 무리의 결속력이 크면 클수록 말이에요.

하지만, 그 사람들이 포함된 작거나 큰 사회 전체로 보면 무리에서 생기는 문제점도 있을 테에요. 예컨대, 학교, 직장, 지역 등에서 생겨난 어떤 무리가 자신들만의 집단적 이익을 추구하여 어떤 이익을 얻는 만큼, 그 학교, 그 직장, 그 지역의 많은 사회 구성원은 상대적으로 손해를 볼 일이 생길 테니까요. 그래서 몇몇 사람들이 작당하여 울타리를 친 채 자신들만의 이익을 좇는 일은 사회적으로는 바람직하지 않아요. 그것을 흔히 집단 이기주의라고 해요. 군자는 이기적인 사람이 아니에요. 그래서 공자는 사람들과 관계 맺는 태도에 대하여 '군자는 여러 사람과 어울리지만 작당하지 않는다.'라고 말한 거예요. 물론, 사회 전체의 행복을 위해 모인 무리의 활동은 손뼉 칠 일이겠지만요.

서술하기

사회적으로 '옳은 활동을 하는 무리'와 사회적으로 '옳지 않은 활동을 하는 무리'는 어떻게 구분할 수 있을까요? 스스로 생각하여 공책에 서술하세요.

찾아보기

ㄱ

감언이설 48
결정 장애 55
경솔 54~55
계발식 교육법 136, 140
공정 26, 49, 114~115
공허 20, 28~32
교언영색 46, 48~50
군자 22, 25~26, 34, 37, 49~50,
  59, 77, 107, 114, 142~145, 148,
  150~154
근심 94~98, 124, 127~128, 137
궁지 150~152
꾐 95

ㄷ

대화 12, 17, 77, 118~122, 152
덕(德) 112~116
도(道) 108
도덕 72~74, 84, 101, 104, 114~
  115, 145

두려움 96~98

ㅁ

망설임 52~56
목적어 143~148
몰입 36~37, 127

ㅂ

반성 76, 79~80
배움 18, 23~24, 26, 29, 31~32,
  64, 68, 138~140
법도(法道) 101~102
법률 72~74, 101

ㅅ

사군자 107
사람의 됨됨이 25, 47~48, 89
상징 83
선비 106~110
성찰 21, 36~37, 76, 79~80
스승 17, 23, 64, 67~68, 88, 92
신중함 52, 54, 56, 100, 102~103

ㅇ

아는 사람 40~43

어진 사람　46, 48, 82~86, 94, 98
어짊　49
언행　17, 89~92, 101~102, 107, 114~115
예(禮)　101~102, 113
예도(禮道)　100~104
예의(禮儀)　77, 101~102
온고이지신　64~65
용감한 사람　94, 98
위태롭다　28~31
익힘　23~26, 65
인(仁)　49~50, 101, 113
인간관계　25, 83
인성(人性)　8~13, 18~19, 89~91

ㅈ

자신감　62, 78
작당　150~154
좋아하는 사람　40~43
즐기는 사람　40~43, 125
지혜로운 사람　82~86, 94, 97, 118, 122
집단 이기주의　154
집착　85, 127

ㅎ

학습　23~26, 64~68, 139~140

마음으로 생각하는 인성 공부 시리즈 1
생각을 열어주고 마음을 잡아주는 성장기 논어

초판 발행일 2022년 1월 3일
지은이 윤병무
그린이 이철형

펴낸곳 국수
등록번호 제2018-000158호
주소 경기도 고양시 일산동구 진밭로 36-124
전화 (031) 908-9293
팩스 (031) 8056-9294
전자우편 songwriter@kuksu.kr

© 윤병무, 2022, Printed in Goyangsi, Korea

ISBN 979-11-90499-36-1 74140
ISBN 979-11-90499-35-4 (세트)

- 책값은 뒤표지에 쓰여 있습니다.
- 이 책의 저작권은 저자에게, 출판권은 '국수'에 있습니다.
- 이 책 내용의 전부는 물론 일부라도 재사용하려면 반드시 '국수'의 동의를 얻어야 합니다.
- 잘못 만들어진 책은 구입하신 서점에서 교환해드립니다.

종이에 손을 베지 않도록 주의하세요.
책 모서리에 다칠 수 있으니 책을 던지지 마세요.